FiNALEonline.de

FiNALEonline.de ist die digitale Ergänzung zu deinem Arbeitsbuch. Hier findest du eine Vielzahl an Angeboten, die dich zusätzlich bei deiner Prüfungsvorbereitung in Mathematik unterstützen!

Das Plus für deine Prüfungsvorbereitung:

→ über 50 Lernvideos mit Schritt-für-Schritt-Erklärungen

→ Original-Prüfungsaufgaben mit Lösungen (bitte Code von S. 4 eingeben)

→ Tipps zur Prüfungsvorbereitung, die das Lernen erleichtern

Online-Grundlagentraining

Du hast noch Lücken aus den vorherigen Schuljahren? Kein Problem! Das Online-Grundlagentraining auf FiNALEonline.de hilft dir dabei, wichtigen Lernstoff nachzuarbeiten und zu wiederholen. Und so funktioniert es:

Unser Tipp für Lehrerinnen und Lehrer: Nutzen Sie unsere vielfältigen Arbeitsblätter auch für Ihren Unterricht.

Für das Fach Mathematik stehen dir über 100 Aufgaben zu prüfungsrelevanten Grundlagen in kurzen Trainingseinheiten zur Verfügung.

Für Lehrerinnen und Lehrer:
Die Lehrerhandreichung für den optimalen Einsatz der Arbeitsbücher im Unterricht zum kostenlosen Download!

Du übst lieber auf Papier? Dann klicke auf „PDF" und drucke dir die gewünschte Trainingseinheit einfach aus.

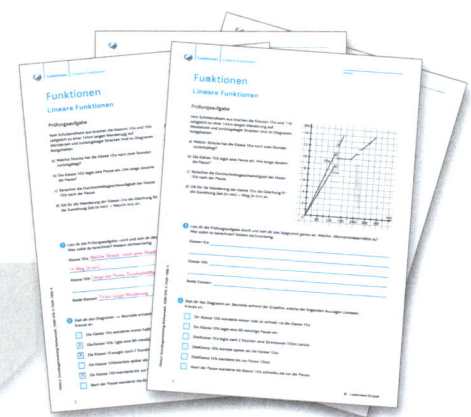

FiNALE Grundlagentraining Mathematik

Das FiNALE Grundlagentraining ist die ideale Ergänzung zu diesem Arbeitsbuch. Es bietet eine große Auswahl an Materialien, mit deren Hilfe du prüfungsrelevantes Grundlagenwissen auffrischen und aktiv trainieren kannst.

Folgende Inhalte werden in diesem Band behandelt:

→ Arithmetik/Algebra, Funktionen, Geometrie, Stochastik
→ die wichtigsten Begriffe und Symbole
→ Größen, Umrechnungen und Zehnerpotenzen

Mit Formelsammlung und anschaulichen Lösungen

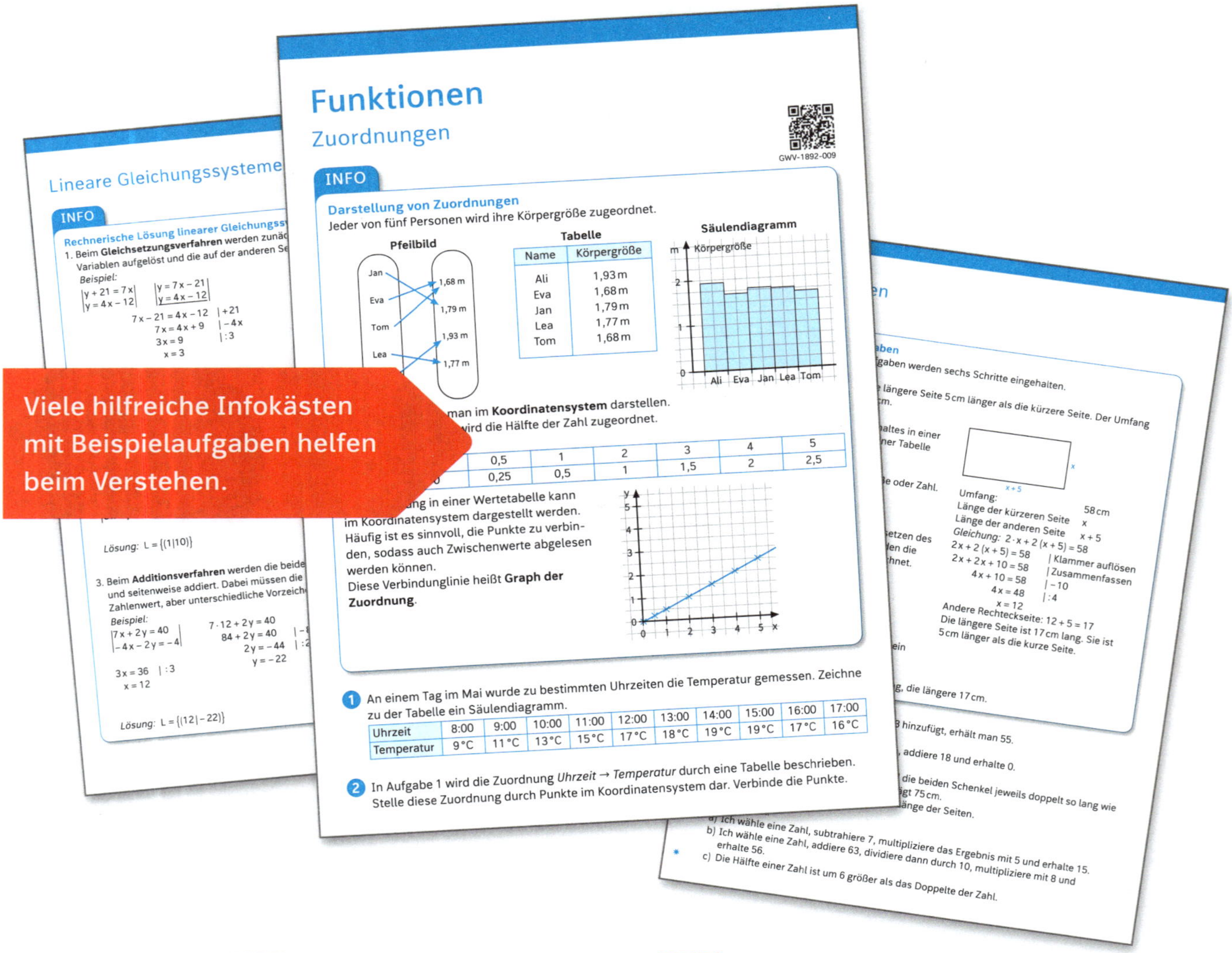

Viele hilfreiche Infokästen mit Beispielaufgaben helfen beim Verstehen.

BESTELL-NR.	TITEL	PREIS
978-3-7426-1892-4	FiNALE Grundlagentraining Mathematik	13,95 €

FiNALE Grundlagentraining gibt es auch für die Fächer Deutsch und Englisch.

westermann

FiNALE
Prüfungstraining

Nordrhein-Westfalen

Mittlerer Schulabschluss
Realschule, Hauptschule Typ B und
Gesamtschule Erweiterungskurs
Mathematik

2024

Bernhard Humpert
Dr. Martina Lenze
Dr. Bernd Liebau
Ursula Schmidt
Peter Welzel

Liebe Schülerin, lieber Schüler,

sobald die Original-Prüfungsaufgaben zur Veröffentlichung freigegeben sind, können sie unter **www.finaleonline.de** zusammen mit ausführlichen Lösungen kostenlos heruntergeladen werden. Gib dazu einfach diesen Code ein:

MA2h8Jz

Einfach mal reinschauen: www.finaleonline.de

© 2023 Westermann Lernwelten GmbH, Georg-Westermann-Allee 66, 38104 Braunschweig
www.westermann.de

Druck A[1] / Jahr 2023
Alle Drucke der Serie A sind im Unterricht parallel verwendbar.

Redaktion: Dr. Heike Bütow
Kontakt: finale@westermanngruppe.de
Layout: LIO Design GmbH, Braunschweig
Umschlaggestaltung: Gingco.Net, Braunschweig
Umschlagfoto: Peter Wirtz, Dormagen
Zeichnungen: Peter Langner; Illustrationen: Carla Miller
Druck und Bindung: Westermann Druck GmbH, Georg-Westermann-Allee 66, 38104 Braunschweig

ISBN 978-3-07-**172408**-2

So arbeitest du mit FiNALE

Liebe Schülerin, lieber Schüler!

Dieses **FiNALE**-Arbeitsbuch mit dem beiliegenden **Lösungsheft** hilft dir, dich selbstständig auf die Abschlussprüfung am Ende des Schuljahres 2023/24 vorzubereiten. Das Arbeitsbuch besteht aus drei Teilen.

- **TEIL A – BASISAUFGABEN**
- **TEIL B – KOMPLEXE AUFGABEN**
- **TEIL C – PRÜFUNGSAUFGABEN**

TEIL A – BASISAUFGABEN

Im **Eingangstest** kannst du testen, wie gut dein Grundwissen schon ist.

Die Aufgaben sind thematisch sortiert:
- Arithmetik/Algebra
- Funktionen
- Geometrie
- Daten und Zufall

Der Link neben den Lösungen der Aufgaben aus dem Eingangstest führt zu einem **Video.** In dem Video wird dir die Lösung noch einmal Schritt für Schritt erklärt.

Jede Aufgabe hat eine Überschrift. Dahinter steht, wo du hier im Arbeitsbuch die **Lösung** zu dieser Aufgabe und weitere **Übungsaufgaben** findest.

Das Symbol weist darauf hin, dass du diese Aufgabe ohne Taschenrechner und ohne Formelsammlung lösen sollst.

Die **Selbsteinschätzung** hilft dir herauszufinden, wo du noch besonders üben musst.

Die weiteren **Übungsaufgaben** sind ebenfalls thematisch sortiert.

Der **Abschlusstest** soll dir zeigen, wie viel du bereits im Vergleich zum Eingangstest gelernt hast.
Die Aufgaben sind hier nicht nach Themen sortiert.

TEIL B – KOMPLEXE AUFGABEN

Die **komplexen Aufgaben** sind ein besonderes Training. Die Aufgaben sind, wie in der Prüfung, nicht thematisch sortiert.

Der **Abschlusstest** zeigt dir am Ende von Teil B, wie gut du auf die Prüfung vorbereitet bist.

Der Teil B ist ähnlich wie der Teil A aufgebaut. Es gibt einen **Eingangstest** und zu jeder Aufgabe weitere **Übungen.**

Der **Link** neben den Lösungen der Aufgaben aus dem Eingangstest führt wieder zu einem **Video.**

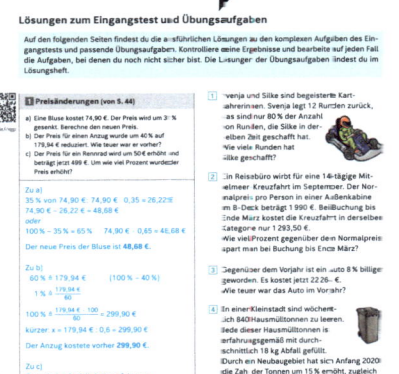

TEIL C – PRÜFUNGSAUFGABEN

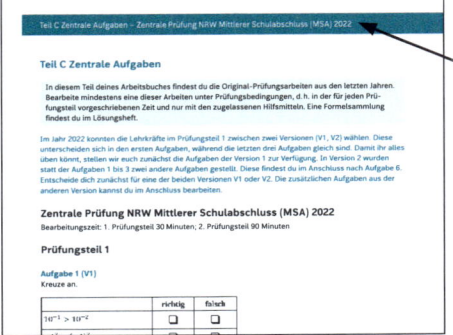

Hier sind **Original-Prüfungsarbeiten** aus den letzten Jahren abgedruckt. Mindestens eine dieser Arbeiten solltest du unter Prüfungsbedingungen bearbeiten, in der vorgeschriebenen Zeit und nur mit den zugelassenen Hilfsmitteln.

Eine **Formelsammlung**, die auch bei der Abschlussprüfung zugelassen ist, findest du im **Lösungsheft.**
Unter www.finaleonline.de ist ein **Übungstagebuch,** mit dem du deine Prüfungsvorbereitung gut organisieren kannst. Nutze dafür auch den Code von Seite 4.

Wir wünschen dir viel Erfolg bei deiner Abschlussprüfung!
Dein **FiNALE**-Team

Teil A Basisaufgaben

Eingangstest

Der Eingangstest zeigt dir, wie gut dein Grundwissen in den vier Bereichen Arithmetik/Algebra, Funktionen, Geometrie sowie Daten und Zufall ist. Die Lösungen zu jeder Aufgabe findest du hier im Arbeitsbuch (Kurzlösungen im Lösungsheft). Die Seite steht jeweils in Klammern hinter dem Namen der Aufgabe. Dort sind auch weitere Übungsaufgaben zu dem jeweiligen Thema.

Die mit dem Symbol gekennzeichneten Aufgaben sollen ohne Taschenrechner und ohne Formelsammmlung bearbeitet werden.

Nutze zusätzliche Blätter oder ein Heft für Nebenrechnungen, Skizzen oder ausführliche Lösungen.

Arithmetik/Algebra

1 **Rechnen und Ordnen** (Lösung Seite 16)

a) Berechne.

(1) $\frac{3}{4}$ von 8 _____

(2) $\frac{3}{5} \cdot (-15) \cdot (-0,1)$ _____

(3) $-(3,8 - 4,2) + (-1,7 - 1,3) : (-5)$ _____

(4) die Differenz der Zahlen 6,5 und $-5,4$ _____

(5) die Summe der
   Zahlen 1,6 und $-4,5$ _____

(6) den Quotienten der
   Zahlen $-3,5$ und $-0,7$ _____

b) Ordne die Zahlen: $\frac{3}{4}$; $1\frac{3}{5}$; $0,6$; $-\frac{1}{2}$; $\frac{4}{3}$; $0,5$; $-0,7$

$-0,7$ < $-\frac{1}{2}$ < $0,5$ < $0,6$ < $\frac{3}{4}$ < $\frac{4}{3}$ < $1\frac{3}{5}$

2 **Prozente** (Lösung Seite 17)

a) Wie viel sind 30 % von 250 €?

_____

b) Wie viel Prozent sind 25 cm von 5 m?

_____

c) Von wie viel Kilogramm sind 5 % genau 10 kg?

_____

d) Berechne 4 % Zinsen von 620 € Kapital.

_____

3 **Gleichungssysteme** (Lösung Seite 18)

a) Löse das Gleichungssystem.

I. $x - 2y = 4$ $x =$ _____

II. $3x + y = 5$ $y =$ _____

b) Ein Rechteck hat den Umfang 30 cm, wobei die eine Seite 2 cm länger ist als die andere Seite. Wie lang sind die Seiten?

Länge: _____   Breite: _____

4 **Schätzen** (Lösung Seite 19)

Kreuze an, welche Maßangabe stimmen könnte.

Oberfläche

Volumen des Badewassers

Höhe eines Kirchturms

☐ 300 dm²   ☐ 30 cm²   ☐ 3 000 l   ☐ 30 000 cm³   ☐ 850 mm   ☐ 85 dm
☐ 0,3 m²   ☐ 30 000 mm²   ☐ 0,300 m³ ☐ 30 000 ml   ☐ 85 000 cm ☐ 0,085 km

5 **Wintercheck** (Lösung Seite 20)

Frau König lässt ihr Auto in der Werkstatt auf den Winter vorbereiten. Für Materialien und Arbeitsleistungen erstellt die Werkstatt die Rechnung mithilfe einer Tabellenkalkulation.

	A	B	C	D
1	Artikelbezeichnung	Menge	Einzelpreis	Gesamtpreis
2				
3	Reifen 195/65 R WinterGrip	4	70,92 €	283,68 €
4	Glühlampen	2	2,03 €	4,06 €
5	Motoröl (in Liter)	1,5		24,75 €
6				
7	Winterräder montieren			18,91 €
8	Wintercheck durchführen			16,72 €
9				
10	Zwischensumme			348,12 €
11	Mehrwertsteuer (in %)	19		66,14 €
12				
13	Rechnungsbetrag			414,26 €

a) In welcher Zelle findest du den Einzelpreis für einen Reifen? _____ C3 _____

b) Gib an, wie teuer 1 Liter Motoröl (ohne MwSt.) ist. _____

c) Gib eine Formel für die Zelle D10 an. _____

d) Welche Formeln könnten in D11 stehen? Kreuze alle richtigen an.

☐ = D10 * 0,19   ☐ = D10 / B11*100   ☐ = D10*B11/100   ☐ = 348,12 € / B11

 6 **Aussagen** (Lösung Seite 21)

a) Welche der folgenden Sachtexte passen zu der Gleichung x + (x − 4) = 60? Kreuze an.

1	Vera ist vier Jahre jünger als Max. Zusammen sind sie 60 Jahre alt.	☐ Ja	☐ Nein
2	Eine Lostrommel enthält viermal so viele Nieten wie Gewinnlose. Insgesamt sind 60 Lose in der Trommel.	☐ Ja	☐ Nein
3	Familie Maier legt auf ihrer zweitägigen Radtour insgesamt 60 km zurück. Am zweiten Tag fahren sie 4 km weniger als am ersten Tag.	☐ Ja	☐ Nein
4	Ein 60 m² großer Saal wird mit Parkett ausgelegt. Länge und Breite des Raumes unterscheiden sich um 4 Meter.	☐ Ja	☐ Nein

b) Löse die Gleichung x + (x − 4) = 60. _____

Funktionen

 7 **Zuordnungen** (Lösung Seite 22)

In welchen Graphen erkennst du proportionale (p) oder antiproportionale (a) Zuordnungen? Wo liegt keines von beiden (k) vor? Kreuze jeweils p, a oder k an.

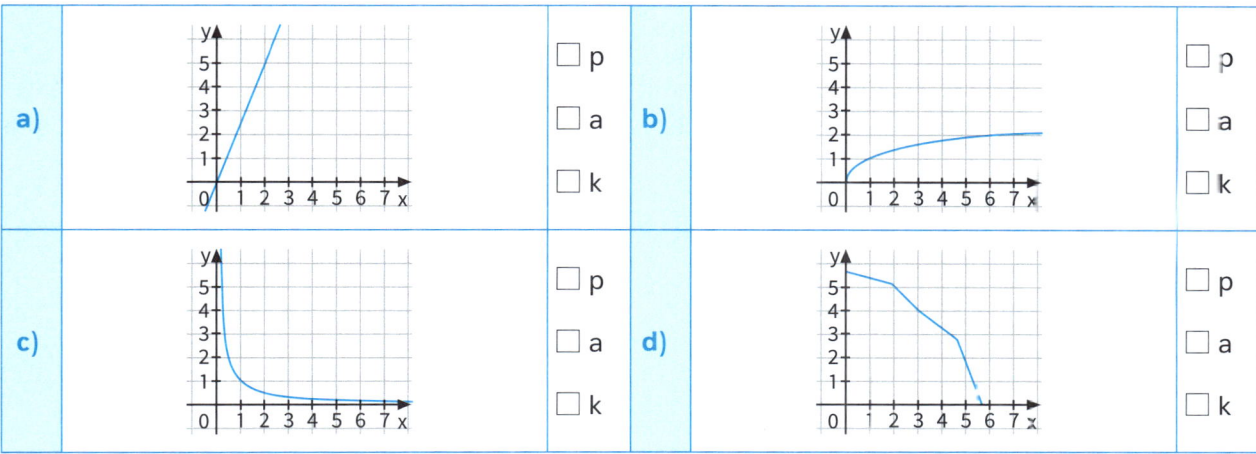

8 Gleichungen und Graphen (Lösung Seite 23)

Ordne den Graphen (g_1, g_2, ...g_6) die zugehörige Funktionsgleichung zu. Zwei Gleichungen passen zu keinem Graphen.

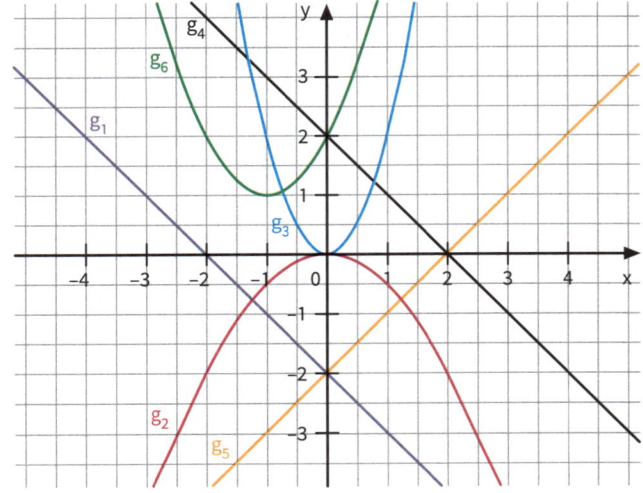

$y = -0,5x^2$	
	$y = x - 2$
$y = -x - 2$	
	$y = x^2 + 2x + 2$

	$y = -2x^2$
$y = 2x^2$	
	$y = -x + 2$
$y = 0,5x^2$	

 9 Parabeln in verschiedenen Darstellungen (Lösung Seite 24)

Eine Parabel hat den Scheitelpunkt S (3 | −15) und ist gegenüber der Normalparabel um den Faktor a = 2 gestreckt.

Gib die Scheitelpunktform der Parabel an und wandle diese in die allgemeine Form um.

f(x) = _____   f(x) = _____

 10 Lineare Funktion – Füllmenge (Lösung Seite 25)

Die im Koordinatensystem dargestellte Funktion stellt den Zusammenhang zwischen der Füllmenge in einem Bewässerungstank und der Zeit dar.

a) Wie viel Liter Wasser sind am Anfang im Tank?

Am Anfang sind _____ im Tank.

b) Bestimme, um wie viel Liter pro Minute die Wassermenge abnimmt.

_____

c) Gib die Funktionsgleichung an. _____

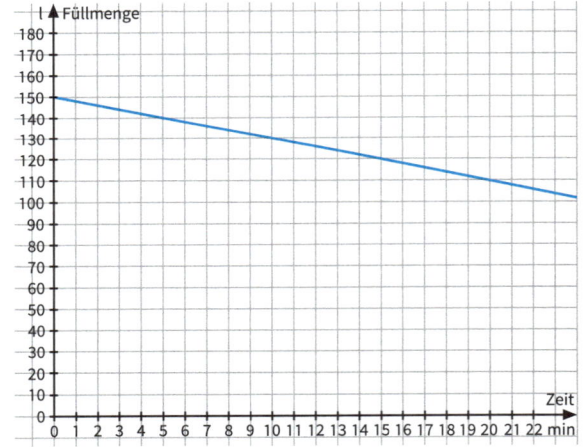

11 Exponentielles Wachstum (Lösung Seite 26)

Eine Stadt hat 42 000 Einwohner. Es wird damit gerechnet, dass die Einwohnerzahl in den nächsten fünf Jahren jährlich um 2 % zunimmt. Berechne, wie viele Einwohner die Stadt in fünf Jahren voraussichtlich haben wird.

Geometrie

 12 Rechteck (Lösung Seite 27)

Ein Rechteck ist 8 cm lang und hat einen Umfang von 30 cm. Wie groß ist sein Flächeninhalt A?

A = _____

 13 Dreieck im Koordinatensystem
(**Lösung Seite 28**)

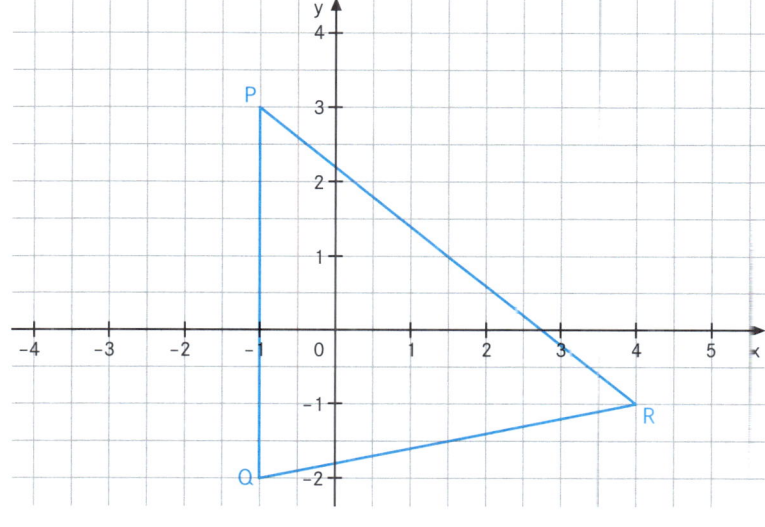

a) Gib die Koordinaten der Punkte
P (|), Q (|), R (|) an.

b) Welchen Flächeninhalt hat das
Dreieck PQR?

A = _____

c) Trage den Punkt S (4|4) in das
Koordinatensystem ein.
Wie heißt die Figur PQRS?

_____

d) Bestimme den Flächeninhalt
der Figur PQRS.

A = _____

14 Umzug (Lösung Seite 29)

Für den Transport von 90 Umzugskartons sucht Familie
Meyer bei einer Leihfirma ein geeignetes Fahrzeug. Ein Karton hat folgende Abmessungen (in mm): 600 x 330 x 340.
Es stehen Transporter mit einem Ladevolumen von 5,8 m³
und 9,5 m³ zur Auswahl. Welchen Transporter würdest du
empfehlen? Begründe rechnerisch.

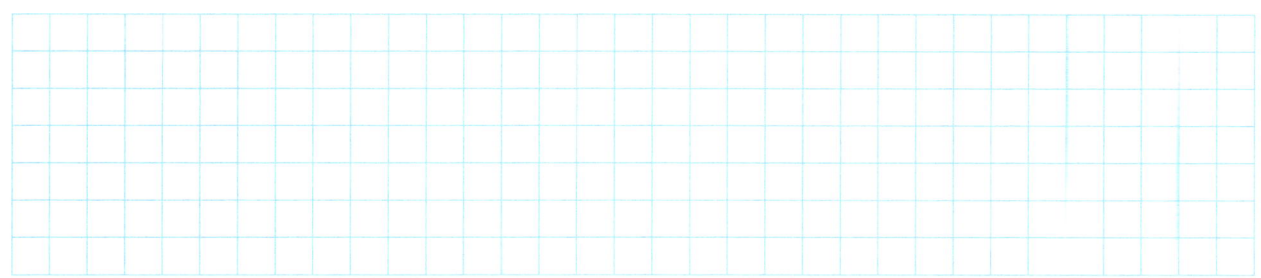

15 Zylinder (Lösung Seite 30)

a) Skizziere das Netz eines Zylinders.

b) Ein Zylinder hat eine Grundfläche mit dem
Radius 14 cm und ist 8 cm hoch.
Bestimme den Oberflächeninhalt des Zylin-
ders gerundet auf ganze cm².

Oberflächeninhalt: _____

16 Buchstaben-Design (Lösung Seite 31)

Emil entwirft neue Schriftarten für den Computer. Er beginnt mit dem Buchstaben A (siehe Abbildung rechts). Den noch fehlenden Querstrich möchte er so einzeichnen, dass er
- $\frac{1}{3}$ der unteren Breite des Buchstabens als Länge hat und
- parallel zur Grundlinie verläuft.

Berechne, wo Emil den Querstrich einzeichnen muss.
Zeichne den Buchstaben auf ein extra Blatt. Zeichne den Querstrich ein und überprüfe an der Zeichnung deine Berechnung.

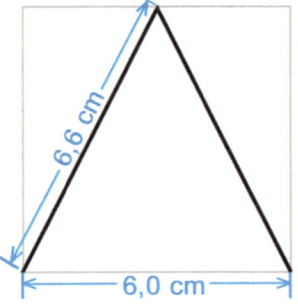

17 Drachen (Lösung Seite 32)

Sven hat einen Drachen gebaut. Die beiden kürzeren Seiten a und b sind jeweils 25 cm lang und schließen einen rechten Winkel ein. Die Längen der beiden Diagonalen e und f verhalten sich wie 2:3.

a) Berechne die Längen der beiden Diagonalen. _____

b) Rund um den Drachen wurde eine Schnur gespannt.

   Wie lang ist sie? _____

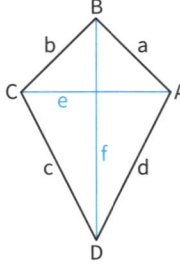

 18 Winkel (Lösung Seite 33)

In der Abbildung sind die Geraden g und h parallel.

a) Bestimme, ohne zu messen, die Größe der Winkel β, γ, δ und ε. Begründe.

   β = _____ γ = _____ δ = _____ ε = _____

b) In einem Geometrieprogramm wird die Gerade f so gedreht, dass α = 105° groß ist. Wie verändern sich dadurch die Größen von β, γ, δ und ε? Überprüfe deine Lösung durch eine Zeichnung.

   β = _____ γ = _____ δ = _____ ε = _____

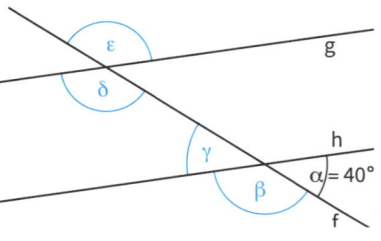

Daten und Zufall

19 Tablet (Lösung Seite 34)

Im Internet wird ein Tablet zu folgenden Preisen angeboten.

a) Gib den Median (Zentralwert), die Spannweite und das arithmetische Mittel der Preise an.

_____

Median: _____ Spannweite: _____ arithmetisches Mittel: _____

b) Berücksichtigt man noch ein sechstes Angebot, beträgt das arithmetische Mittel nur noch 264 €. Wie teuer ist das Tablet aus diesem Angebot?

20 Nutzflächen in Deutschland (Lösung Seite 35)

In dem Diagramm rechts wird dargestellt, wie die Flächen in Deutschland genutzt werden.

a) Wie viel Quadratkilometer entsprechen 1 mm?

1 mm ≙ _____ km²

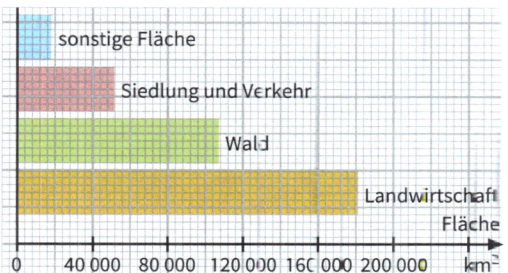

b) (1) Lies aus dem Diagramm ab und fülle die Tabelle aus.

(2) Bestimme die relativen Häufigkeiten und trage sie in die Tabelle ein. Runde auf eine Nachkommastelle.

Kreisdiagramm:

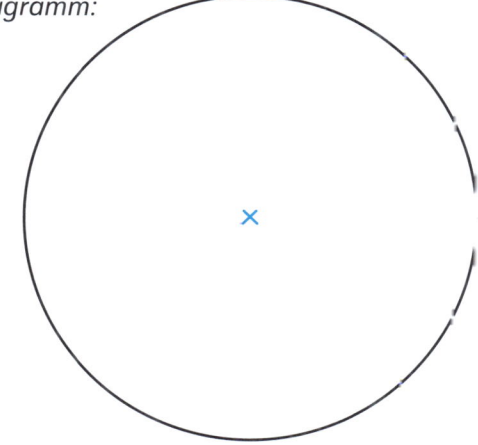

	Flächen-inhalt (in km²)	relative Häufigkeit (in %)
Landwirtschaft		
Wald		
Siedlung und Verkehr		
sonstige Fläche		
Gesamtfläche		

(3) Stelle die Anteile in einem Kreis- und einem Streifendiagramm dar.

Streifendiagramm:

21 Farbige Kugeln (Lösung Seite 36)

Aus einem Behälter mit 3 roten, 5 grünen und 2 blauen gleichartigen Kugeln wird eine verdeckt gezogen. Berechne die Wahrscheinlichkeiten für „blau" und für „nicht rot".

a) P (blau) = _____

b) P (nicht rot) = _____

22 Würfel (Lösung Seite 37)

Rechts siehst du die Netze zweier Würfel.
Der Würfel (1) hat nur die Zahlen 3 und 4, der Würfel (2) die Zahlen 3, 4 und 6.

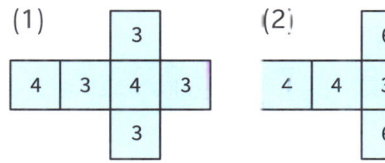

a) Gib die Wahrscheinlichkeit an, mit Würfel (1) eine Vier zu würfeln. _____

b) Gib die Wahrscheinlichkeit an, mit Würfel (2) eine Augenzahl größer als 3 zu würfeln.

_____

c) Mit einem der beiden Würfel wurde 1000-mal gewürfelt und dabei 324-mal die Vier erzielt. Welcher Würfel ist das vermutlich gewesen? Begründe.

_____

_____

Selbsteinschätzungsbogen

Der Selbsteinschätzungsbogen soll dir helfen, im Anschluss an den Eingangstest einen Überblick zu gewinnen, was du schon ziemlich sicher kannst und wo du noch üben solltest. Kreuze direkt, nachdem du den Eingangstest durchgearbeitet hast, mit Bleistift an, wie sicher du die verschiedenen Themen zu beherrschen glaubst. Vergleiche danach deine Lösungen mit den Beispiellösungen auf den jeweils angegebenen Seiten. Hast du dich richtig eingeschätzt? Korrigiere gegebenenfalls deine Kreuzchen. Du hast nun eine Übersicht, in welchen Bereichen du am dringlichsten üben musst. Die zugehörigen Übungsaufgaben findest du in der Tabelle (rechte Spalte).

Arithmetik/Algebra

Aufgabe	Ich kann…	sicher	fast sicher	muss ich üben	Übungs- aufgaben
1 Rechnen und Ordnen	die Grundrechenarten für rationale Zahlen ausführen.				S. 16: A1, A2
	rationale Zahlen ordnen und vergleichen.				S. 16: A2(6), A3
2 Prozente	Prozentwerte, Prozentsätze und Grund- werte berechnen.		X		S. 17: A1 bis A6 S. 20: A1
	Prozentaufgaben in der Zinsrechnung lösen.		X		S. 17: A4
3 Gleichungs- systeme	lineare Gleichungssysteme mit zwei Variablen lösen.	X			S. 18: A1
	Gleichungssysteme zu Sachsituationen aufstellen.	X			S. 18: A2, A3, A4
4 Schätzen	in Sachsituationen die Größen von Längen, Flächen und Volumina schätzen.		X		S. 19: A1, A2, A3
	eine Größenangabe in kleinere oder größere Einheiten umrechnen.				S. 19: A4, A5, A6
5 Wintercheck	Berechnungen mithilfe einer Tabellen- kalkulation ausführen.		X		S. 20: A2, A3
6 Aussagen	lineare Gleichungen lösen.		X		S. 21: A1
	Sachsituationen in Gleichungen überset- zen und lösen.			X	S. 21: A2, A3, A4

Funktionen

Aufgabe	Ich kann…	sicher	fast sicher	muss ich üben	Übungs- aufgaben
7 Zuordnungen	proportionale und antiproportionale Zu- ordnungen an ihren Graphen erkennen.				S. 22: A1
	Werte berechnen und Graphen skizzieren, auch in Sachsituationen.				S. 22: A2 bis A5
8 Gleichungen und Graphen	bei linearen Funktionen die Gleichungen und Graphen einander zuordnen.				S. 23: A1, A2, A3
	bei quadratischen Funktionen zwischen Gleichung, Graph und Wertetabelle wechseln.				S. 23: A4, A5
9 Parabeln in verschiedenen Darstellungen	die Scheitelpunktform in die allgemeine Form bringen und umgekehrt.				S. 24: A1 bis A4

Funktionen

10 Lineare Funktion – Füllmenge	Sachsituationen durch Gleichungen und Graphen von linearen Funktionen beschreiben.				S. 25: A1, A2, A3
11 Exponentielles Wachstum	in Sachsituationen exponentielles Wachstum erkennen und Werte berechnen (auch Zinseszins).				S. 26: A1 bis A5

Geometrie

Aufgabe	Ich kann…	sicher	fast sicher	muss ich üben	Übungs-aufgaben
12 Rechteck	Umfang und Flächeninhalt eines Rechtecks berechnen, auch in Sachsituationen.				S. 27: A1 bis A4
13 Dreieck im Koordinatensystem	Punkte in ein Koordinatensystem eintragen und ablesen.				S. 28: A1, A2, A3
	Flächeninhalte von Dreiecken, Parallelogrammen und Trapezen berechnen.				S. 28: A1, A2, A3
14 Umzug	das Volumen eines Quaders berechnen, auch mit unterschiedlichen Einheiten und in Sachsituationen.				S. 29: A1 bis A6
15 Zylinder	den Flächeninhalt und Umfang eines Kreises berechnen.				S. 30: A1, A2
	die Größe von Mantelfläche, Oberfläche und Volumen eines Zylinders berechnen.				S. 30: A3 bis A6
16 Buchstaben-Design	Streckenlängen mithilfe der Strahlensätze bestimmen.				S. 31: A1 bis A4
17 Drachen	Streckenlängen mithilfe des Satzes von Pythagoras berechnen, auch in Sachsituationen.				S. 32: A1 bis A5
18 Winkel	Winkelgrößen mithilfe der Winkelsätze und der Winkelsumme im Dreieck bestimmen.				S. 33: A1, A2, A3

Stochastik

Aufgabe	Ich kann…	sicher	fast sicher	muss ich üben	Übungs-aufgaben
19 Tablet	Spannweite, Median und arithmetisches Mittel angeben.				S. 34: A1 bis A3
20 Nutzflächen in Deutschland	Werte aus einem Diagramm ablesen.				S. 35: A1, A2 S. 36: A4
	relative Häufigkeiten berechnen und als Prozente angeben.				
	Kreis- und Streifendiagramme erstellen.				
21 Farbige Kugeln	die Wahrscheinlichkeit eines Ereignisses bei einem Laplace-Experiment berechnen.				S. 36: A1 bis A4 S. 37: A1 a) – c)
22 Würfel	Wahrscheinlichkeiten mit den Ergebnissen einer langen Versuchsreihe schätzen.				S. 37: A1 d), A2

Wenn du noch weiteren Übungsbedarf hast oder in einem Thema unsicher bist, empfehlen wir dir, im „Grundlagentraining" nachzuschlagen (ISBN 978-3-7426-1892-4).
Dein **FiNALE**-Team

15

Lösungen zum Eingangstest und Übungsaufgaben

Auf den folgenden Seiten findest du die ausführlichen Lösungen zum Eingangstest. Der Link neben der Lösung führt zu einem Video, in dem jeder Lösungsschritt erklärt wird.
Zu jeder Aufgabe gibt es passende Übungsaufgaben. Nutze deine Selbsteinschätzung (S. 14/15) und bearbeite auf jeden Fall die Aufgaben, bei denen du noch nicht sicher bist. Die mit dem Symbol 🖩 gekennzeichneten Aufgaben solltest du ohne Taschenrechner und Formelsammlung lösen.
Die Lösungen der Übungsaufgaben findest du im Lösungsheft.

Arithmetik/Algebra

http://nale.fi/kwzu

http://nale.fi/ukgh

1 Rechnen und Ordnen (von S. 8)

a) Berechne.
  (1) $\frac{3}{4}$ von 8   (2) $\frac{3}{5} \cdot (-15) \cdot (-0,1)$
  (3) $-(3,8 - 4,2) + (-1,7 - 1,3) : (-5)$
  (4) die Differenz der Zahlen 6,5 und $-5,4$
  (5) die Summe der Zahlen 1,6 und $-4,5$
  (6) den Quotienten der Zahlen $-3,5$ und $-0,7$
b) Ordne die Zahlen: $\frac{3}{4}$; $1\frac{3}{5}$; 0,6; $-\frac{1}{2}$; $\frac{4}{3}$; 0,5; $-0,7$

Zu a)
(1) $\frac{3}{4} \cdot 8 = \frac{3}{4} \cdot \frac{8}{1} = \frac{24}{4} = \mathbf{6}$

(2) $\frac{3}{5} \cdot (-15) \cdot (-0,1) = \frac{3}{5} \cdot 1,5 = 0,6 \cdot 1,5 = \mathbf{0,9}$

(3) $-(3,8 - 4,2) + (-1,7 - 1,3) : (-5)$
  $= -(-0,4) + (-3) : (-5) = 0,4 + 0,6 = \mathbf{1}$
(4) $6,5 - (-5,4) = 6,5 + 5,4 = \mathbf{11,9}$
(5) $1,6 + (-4,5) = 1,6 - 4,5 = \mathbf{-2,9}$
(6) $-3,5 : (-0,7) = 3,5 : 0,7 = 35 : 7 = \mathbf{5}$

Zu b)
$-0,7 < -\frac{1}{2} < 0,5 < 0,6 < \frac{3}{4} < \frac{4}{3} < 1\frac{3}{5}$

🖩 **1** Berechne.

a) $0,02 \cdot 7,6$ _____

b) $0,45 \cdot 10,5$ _____

c) $\frac{2}{5} + \frac{3}{10}$ _____   e) $\frac{1}{3} \cdot \frac{2}{5}$ _____

d) $\frac{1}{3} + \frac{2}{5}$ _____   f) $\frac{1}{3} : \frac{2}{5}$ _____

TIPP

Summe: $27 + 9$ **Produkt:** $27 \cdot 9$ **Potenz:** 2^3
Differenz: $27 - 9$ **Quotient:** $27 : 9$

🖩 **2** (1) Dividiere die Differenz aus 11 und 8 durch 5.
(2) Berechne $\frac{1}{5}$ von der dritten Potenz von -2.
(3) Halbiere die Differenz aus 2,9 und 5,7.
(4) Bilde die Summe aus 2,5 und dem Produkt der Zahlen -3 und 1,5.
(5) Welche Zahl muss mit 4,8 multipliziert werden, um $-1,2$ zu erhalten?

(6) Stelle die Ergebnisse an der Zahlengeraden dar.

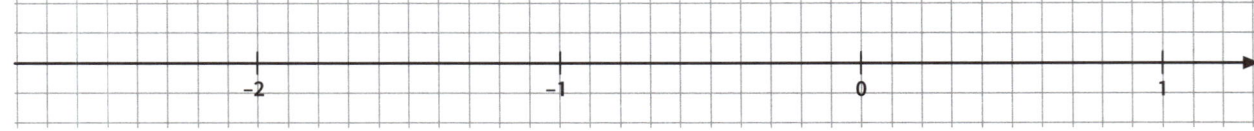

🖩 **3** Ordne der Größe nach, beginne mit der kleinsten Zahl.

a)   0,4 $\frac{3}{6}$ 0,38 $\frac{1}{4}$ $\frac{3}{8}$ 0,44

☐ < ☐ < ☐ < ☐ < ☐ < ☐

b) $-1\frac{1}{2}$ $-\frac{7}{5}$ $-\frac{3}{4}$ $-0,8$ $-\frac{11}{8}$ $-1,3$

☐ < ☐ < ☐ < ☐ < ☐ < ☐

c)   0,7 $-\frac{3}{4}$ $-1,33$ $\frac{4}{5}$ $-\frac{4}{3}$ $\frac{17}{20}$

☐ < ☐ < ☐ < ☐ < ☐ < ☐

d)   2,8 $-0,41$ $-\frac{2}{5}$ $\frac{29}{10}$ $-\frac{9}{2}$ 2,805

☐ < ☐ < ☐ < ☐ < ☐ < ☐

1 Kreuze die richtige Lösung an.

a) 40 % von 650 €

☐ 26 €

☐ 260 €

☐ 2600 €

☐ 26 000 €

b) 23 % von 40 m

☐ 0,92 m

☐ 9,20 m

☐ 92 m

☐ 920 m

 2 40 % der Länge einer Strecke sind 280 m. Wie lang ist die gesamte Strecke?

 3 Wie viel Prozent sind

a) 3 kg von 60 kg?

b) 12 cm von 1,20 m?

 4 Berechne die Zinsen.

a) 3 200 € werden ein Jahr mit 0,5 % verzinst.

b) Ein halbes Jahr lang werden 500 € bei einem Zinssatz von 1,5 % verzinst.

http://nale.fi/qahz

2 **Prozente** (von S. 8)

a) Wie viel sind 30 % von 250 €?

b) Wie viel Prozent sind 25 cm von 5 m?

c) Von wie viel Kilogramm sind 5 % genau 10 kg?

d) Berechne 4 % Zinsen von 620 € Kapital

Zu a)
W ist gesucht.
$W = 250 € \cdot 0{,}30$
$= 75 €$

Zu b)
p % ist gesucht.
$p\% = \frac{0{,}25\,m}{5\,m} = 0{,}05$
$= 5\%$

Zu c)
G ist gesucht.
$G = \frac{10\,kg}{0{,}05} = 200\,kg$

Zu d)
Z ist gesucht.
$Z = 620 € \cdot 0{,}04$
$= 24{,}80 €$

TIPP

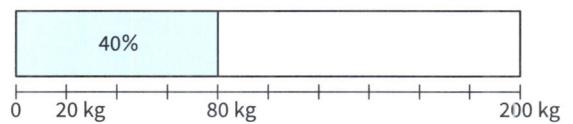

Prozentrechnung:
– Grundwert G
– Prozentwert W
– Prozentsatz p %

40 % von 200 kg sind 80 kg
p %   G   W

Formeln: $W = G \cdot p\%$ $p\% = \frac{W}{G}$ $G = \frac{W}{p\%}$

Zinsrechnung:
Kapital K ↔ G; Zinsen Z ↔ W $Z = K \cdot p\%$

---

 5 Familie Meier zahlt monatlich 550 € Miete. Die Miete soll zum 1. Januar um 4 % erhöht werden.

a) Berechne die Mieterhöhung.

b) Gib die ab Januar zu zahlende Miete an.

6 Für den Kauf eines Elektroautos zu einem Preis von 32 000 € kann Familie Özdemir einen staatlichen Zuschuss in Höhe von 4 000 € erhalten. Auf den restlichen Kaufpreis gewährt das Autohaus einen Rabatt von 8 %.

a) Berechne die Höhe des Rabattes.

b) Wie viel Prozent des Kaufpreises spart Familie Özdemir insgesamt?

http://nale.fi/mehx

3 Gleichungssysteme (von S. 8)

a) Löse das Gleichungssystem. I. $x - 2y = 4$
                                 II. $3x + y = 5$

b) Ein Rechteck hat den Umfang 30 cm, wobei die eine Seite 2 cm länger ist als die andere Seite. Wie lang sind die Seiten?

Zu a)

I. $x - 2y = 4$
II. $3x + y = 5$ | · 2
I. $x - 2y = 4$
II. $6x + 2y = 10$
I. + II. $7x = 14$ | : 7
        $x = 2$
$x = 2$ in Gleichung I. eingesetzt:
    $2 - 2y = 4$ | −2
     $- 2y = 2$ | : (−2)
        $y = -1$

Lösung: $x = 2$ und $y = -1$

Zu b)

x: Breite; y: Länge
I. $2x + 2y = 30$
II. $y = x + 2$
II. in I. eingesetzt:
$2x + 2(x + 2) = 30$
  $2x + 2x + 4 = 30$ | −4
        $4x = 26$ | : 4
        $x = 6,5$
$x = 6,5$ in Gleichung II. eingesetzt:
        $y = 6,5 + 2$
        $y = 8,5$

Die Seiten des Rechtecks betragen **6,5 cm** und **8,5 cm**.

2 Ein 50-Euro-Schein wird so in 5-Euro-Scheine und 10-Euro-Scheine gewechselt, dass die Anzahl der kleineren Scheine x dreimal so groß ist wie die Anzahl der größeren Scheine y. Wie viele Scheine sind es?

3 Ein Korken und eine Flasche kosten zusammen 1,10 €. Die Flasche ist 1 € teurer als der Korken. Was kostet der Korken, was die Flasche?

_____

4 Bestimme die gesuchten Zahlen.

a) Die Summe zweier Zahlen beträgt 43, ihre Differenz 9.

_____

b) Addiere 12 zu einer Zahl. Du erhältst das Dreifache einer zweiten Zahl. Das Vierfache der zweiten Zahl vermindert um das Sechsfache der ersten Zahl ergibt 2.

_____

1 Löse das Gleichungssystem.

a) I. $x + 9y = -41$
    II. $x - 4y = 24$

b) I. $x + 5y = 17$
    II. $2x - 4y = 20$

c) I. $2x - 3y = 8$
    II. $5x + 6y = 20$

d) I. $3x + 4y = 1$
    II. $6x + 8y = 0$

1 Wie viele Sekunden hat eine Schülerin vom ersten Schultag bis zum Ende der 10. Klasse etwa in der Schule verbracht?

☐ 3 600 000 s ☐ 360 000 000 s

☐ 36 000 000 s ☐ 3 600 000 000 s

2 Welchen Flächeninhalt hat ein 20-€-Schein?

☐ 957,6 cm² ☐ 95 760 mm²

☐ 95,76 dm² ☐ 9576 mm²

3 Kreuze an, welche Schätzung am besten passt.

a) Ungefähre Größe der lackierten Fläche eines Pkws

☐ 72 m² ☐ 720 dm²

☐ 720 000 mm² ☐ 7 200 cm²

b) Größe des Kofferraums eines Pkws

☐ 37 hl ☐ 370 000 ml

☐ 0,037 m³ ☐ 37 000 l

4 Wandle in die nächstkleinere Einheit um.

a) 35 cm = _____

b) 2,5 m² = _____

c) 85 min = _____

5 Wandle in die nächstgrößere Einheit um.

a) 56 000 mm = _____

b) 5 050 m² = _____

c) 150 min = _____

4 Schätzen (von S. 8)

Kreuze an, welche Maßangabe stimmen könnte.

Oberfläche | Volumen des Badewassers | Höhe eines Kirchturms

☐ 300 dm² ☐ 3 000 l ☐ 850 mm
☐ 30 cm² ☐ 30 000 cm³ ☐ 85 dm
☐ 0,3 m² ☐ 0,300 m³ ☐ 85 000 cm
☐ 30 000 mm² ☐ 30 000 ml ☐ 0,085 km

Oberfläche der Schokoladentafel
Eine Schokoladentafel ist ca. 8 cm breit, 16 cm lang und 1 cm hoch. Das ergibt einen Oberflächeninhalt von O = 2 · (8 · 16 + 8 · 1 + 16 · 1) cm² = 304 cm² = 30 400 mm² ≈ **30 000 mm²**.

Volumen des Badewassers
Geschätzte Innenmaße einer Badewanne:
l = 160 cm, b = 50 cm, h = 40 cm
V = 160 cm · 50 cm · 40 cm
V = 320 000 cm³ = 0,320 m³ = 320 l.
Anzukreuzen ist also **0,300 m³**.

Höhe eines Kirchturms
Hilfreich ist das Umrechnen der Maße in Meter: 850 mm = 0,85 m; 85 000 cm = 850 m; 85 dm = 8,5 m; 0,085 km = 85 m
Nur **0,085 km** (= 85 m) ist realistisch.

TIPP

Beim Vergleichen von *Größen* achte auf die gleiche Einheit.
Rechnest du in eine kleinere (größere) Einheit um, wird die Maßzahl größer (kleiner).

6 Wandle in die angegebene Einheit um.

a) 500 g = _____ kg

b) 1,8 t = _____ kg

c) 25 ha = _____ m²

d) 4 600 cm² = _____ m²

e) 4 500 l = _____ m³

f) 180 s = _____ min

g) 1,2 h = _____ min

http://nale.fi/omwd

http://nale.fi/nksd

5 Wintercheck (von S. 9)

	A	B	C	D
1	Artikelbezeichnung	Menge	Einzelpreis	Gesamtpreis
2				
3	Reifen 195/65 R WinterGrip	4	70,92 €	283,68 €
4	Glühlampen	2	2,03 €	4,06 €
5	Motoröl (in Liter)	1,5		24,75 €
6				
7	Winterräder montieren			18,91 €
8	Wintercheck durchführen			16,72 €
9				
10	Zwischensumme			348,12 €
11	Mehrwertsteuer (in %)	19		66,14 €
12				
13	Rechnungsbetrag			414,26 €

Frau König lässt ihr Auto in der Werkstatt auf den Winter vorbereiten. Für Materialien und Arbeitsleistungen erstellt die Werkstatt die Rechnung mithilfe einer Tabellenkalkulation.

a) In welcher Zelle findest du den Einzelpreis für einen Reifen?

b) Gib an, wie teuer 1 Liter Motoröl (ohne MwSt.) ist.

c) Gib eine Formel für die Zelle D10 an.

d) Welche Formeln könnten in D11 stehen? Kreuze alle richtigen an.

☐ = D10 * 0,19   ☐ = D10 / B11*100

☐ = D10*B11/100   ☐ = 348,12 € / B11

Zu a)
Der Einzelpreis für einen Reifen steht in Zelle **C3.**

Zu b)
24,75 € : 1,5 = 16,50 €.
Ein Liter Motoröl kostet **16,50 €.**

Zu c)
D10: **=D3+D4+D5+D7+D8**
Schneller geht es mit: **=Summe(D3:D8)**

Zu d)
Die Zwischensumme (in D10) muss mit 19 % multipliziert werden. Richtig sind: = D10*0,19 und = D10*B11/100

 1 Eine Rechnung beläuft sich einschließlich Mehrwertsteuer auf 1 000 €.
Wie berechnet man den Rechnungsbetrag ohne Mehrwertsteuer (Nettopreis)? Kreuze an.

☐ 1 000 € – 19 €   ☐ 1 000 € – 190 €

☐ 1 000 € : 0,19   ☐ 1 000 € : 1,19

2 Frau Weber notiert sich, bei welchem Kilometerstand sie wie viel Liter getankt hat und was ein Liter Diesel gekostet hat.

	A	B	C	D	E
1	Kilometer	Liter	Preis pro Liter	Gesamtpreis	Verbrauch in Liter auf 100 km
2	35000	35,7	2,01 €	71,76 €	xxx
3	35867	49,4	1,96 €		
4	36422	29,4	1,92 €		
5	37225	52,5	2,04 €		

a) Mit welcher Formel kann in Zelle D2 der Gesamtpreis berechnet werden?

_____

Trage alle Gesamtpreise in Spalte D ein.

b) Berechne den durchschnittlichen Verbrauch auf 100 km zwischen jeweils zwei Tankstopps. Trage die Ergebnisse in die Tabelle ein.

c) Gib für Zelle E3 eine Formel zur Berechnung des Durchschnittsverbrauchs auf 100 km an.

_____

 3

	A	B	C
1	Verkäufe am 3. März		
2	**Anzahl**	**Einzelpreis**	**Gesamtpreis**
3	3	17,95 €	53,85 €
4	5	3,98 €	19,90 €
5	8	5,67 €	45,36 €
6			
7		Gesamt Netto	119,11 €
8		MwSt 19%	22,63 €
9		Gesamt Brutto	141,74 €

In dem abgebildeten Tabellenkalkulationsblatt kann man zu jeder eingegebenen Anzahl den jeweiligen Gesamtpreis Netto ablesen. Außerdem sieht man für alle verkauften Artikel den Gesamtpreis Netto und Brutto sowie die Mehrwertsteuer. Gib die möglichen Formeln in den Zellen an.

C3: _____

C7: _____

C8: _____

1 Löse die Gleichung.

a) $3x - 7 = 35$ 　　　　　 b) $9 - 4x = 13$

c) $8 - (2x + 6) = 5x + 16$

d) $7(2 - 5x) = (9 - x) \cdot 5 - 1$

 2 Stelle eine Gleichung auf und löse sie.

Für drei Schreibblöcke, eine Spitzmaschine (8,85 €) und acht Stifte bezahlt Paul 16,04 €. Ein Schreibblock kostet 1,25 €. Wie viel kostet ein Stift?

 3 Löse das Zahlenrätsel mithilfe einer Gleichung.

a) Das Neunfache einer Zahl vermindert um 7 ergibt 47.

b) Addiert man zum dritten Teil einer Zahl 17, so erhält man 30.

c) Vermindert man das Achtfache einer Zahl um 9, so erhält man das Sechsfache der Zahl vermehrt um 3.

---

6 Aussagen (von S. 9)

a) Welche der folgenden Sachtexte passen zu der Gleichung $x + (x - 4) = 60$? Kreuze jeweils an.

1	Vera ist vier Jahre jünger als Max. Zusammen sind sie 60 Jahre alt.	☐ Ja	☐ Nein
2	Eine Lostrommel enthält viermal so viele Nieten wie Gewinnlose. Insgesamt sind 60 Lose in der Trommel.	☐ Ja	☐ Nein
3	Familie Maier legt auf ihrer zweitägigen Radtour insgesamt 60 km zurück. Am zweiten Tag fahren sie 4 km weniger als am ersten Tag.	☐ Ja	☐ Nein
4	Ein 60 m² großer Saal wird mit Parkett ausgelegt. Länge und Breite des Raumes unterscheiden sich um 4 Meter.	☐ Ja	☐ Nein

b) Löse die Gleichung $x + (x - 4) = 60$.

a) (1): Max: x; Vera: x − 4
　　　Gleichung $x + (x - 4) = 60$ 　☒ **Ja**

　(2): Gewinnlose: x; Nieten: 4x
　　　Gleichung $x + 4x = 60$ 　☒ Nein

　(3): 1. Tag: x; 2. Tag: x − 4
　　　Gleichung $x + (x - 4) = 60$ 　☒ **Ja**

　(4): Länge: x; Breite: x − 4
　　　Gleichung $x \cdot (x - 4) = 60$ 　☒ Nein

b) $x + (x - 4) = 60$
　$x + x - 4 = 60$
　　$2x - 4 = 60$ 　|+ 4
　　　$2x = 64$ 　|: 2
　　　x = 32

(1): Max ist 32 Jahre alt, Vera 28.
(3): Am 1. Tag legen sie 32 km zurück, am 2. Tag 28 km.

---

4 Welche Sachtexte passen zu der Gleichung $5x + 17 = 57$? Was gibt in diesen Fällen x an?

(1) Fünf Freunde gehen ins Kino. Sie kaufen Karten und anschließend Popcorn für 17 €. Insgesamt bezahlen sie 57 €.

(2) Frau May kauft 5 Flaschen Wein und 17 Flaschen Sekt. Sie bezahlt insgesamt 57 €.

(3) Ein 5 km langer Rundkurs für Crossräder wird x-mal durchfahren. Der Kurs liegt 17 km von Tannendorf entfernt. Es sind 57 Teilnehmer am Start.

(4) Ein Unternehmen soll 57 m³ Muttererde transportieren. Ein großer Lkw bringt pro Fahrt 17 m³, ein kleiner Lkw den Rest mit fünf Fahrten, jeweils voll beladen.

(5) Ein Rechteck ist 5 cm breit, seine Länge unbekannt. Wäre es 17 cm² größer, hätte es einen Flächeninhalt von 57 cm².

Funktionen

http://nale.fi/ugvb

7 Zuordnungen (von S. 9)

In welchen Graphen erkennst du proportionale (p) oder antiproportionale (a) Zuordnungen? Wo liegt keines von beiden (k) vor? Kreuze jeweils p, a oder k an.

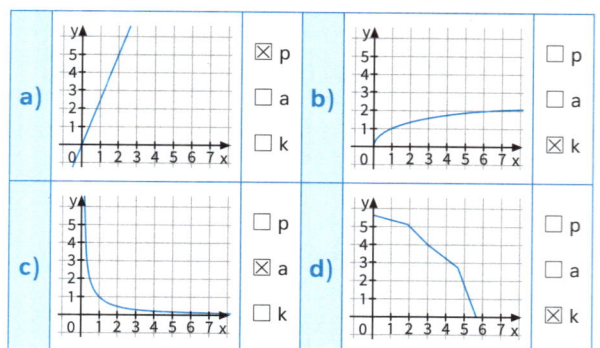

a) ☒ p ☐ a ☐ k

b) ☐ p ☐ a ☒ k

c) ☐ p ☒ a ☐ k

d) ☐ p ☐ a ☒ k

Richtig anzukreuzen ist jeweils ...

a) ☒ **p (proportional),** da der Graph eine Gerade durch den Ursprung ist.

b) ☒ **k (keines von beiden),** da mit größer werdenden x-Werten auch die y-Werte ansteigen (damit nicht antiproportional), die Steigung aber nicht konstant ist, der Graph also keine Ursprungsgerade ist (damit nicht proportional).

c) ☒ **a (antiproportional),** da mit größer werdenden x-Werten die y-Werte abnehmen, wobei gilt: $x \cdot y = 1$. Der Graph ist eine Hyperbel.

d) ☒ **k (keines von beiden),** da der Graph weder eine Ursprungsgerade noch eine Hyperbel ist.

1 Ist die Zuordnung proportional? Begründe.

Zuordnung (A)

Anzahl	Preis (in €)
3	1,50
4	2,00
8	4,00

Zuordnung (B)

Zeit (h)	Weg (m)
2	1200
3	1800
5	2600

Zuordnung (A) ist _____, weil

_____

_____

Zuordnung (B) ist _____, weil

_____

_____

2 Vervollständige die Wertetabelle bei a) zur proportionalen Zuordnung und bei b) zur anti-proportionalen Zuordnung.

a)

x	1,5	3
y	4,5	9

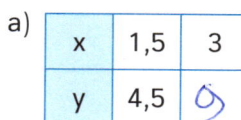

b)

x	6	2
y	20	

3 Ein Band lässt sich in 20 jeweils 12 cm lange Stücke zerschneiden. Wie viele Stücke erhältst du, wenn jedes Stück 16 cm lang sein soll?

4 Ein Schiff legt eine Strecke von 16 km in 40 Minuten zurück. Welche Strecke legt das Schiff bei gleicher Durchschnittsgeschwindigkeit in 5, 25 und 120 Minuten zurück?

5 Skizziere zu den folgenden Beispielen jeweils den zugehörigen Graphen. Gib an, ob es sich um eine proportionale (p), konstante (k), antiproportionale (a) oder aber um eine lineare (l) Funktion, die nicht proportional ist, handelt.

1	Eier werden hartgekocht: *Anzahl Eier → Kochdauer (in min)*
2	Taxifahrt mit 3 € Grundgebühr: *zurückgelegte Strecke (in km) → Fahrpreis (in €)*

3	10 km Autofahrt: *durchschnittliche Geschwindigkeit (in km/h) → Fahrdauer (in h)*
4	Einkauf auf dem Markt: *Menge Kartoffeln (in kg) → Preis (in €)*

1)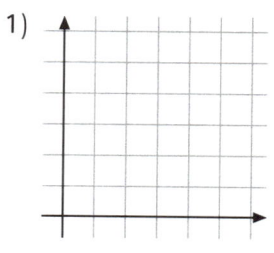

_____

2)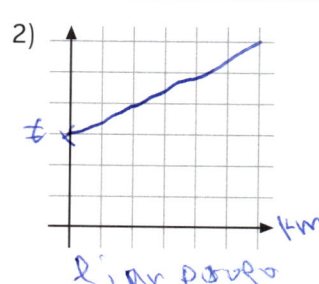

_____

3)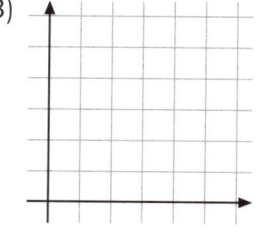

_____

4)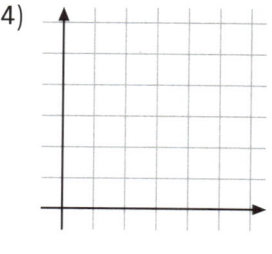

_____

1 Bestimme die zum Graphen gehörende Funktionsgleichung.

a)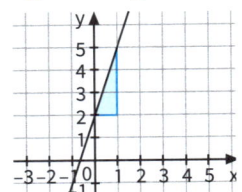

b)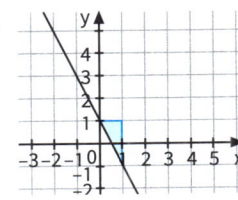

y= _____

y= _____

c)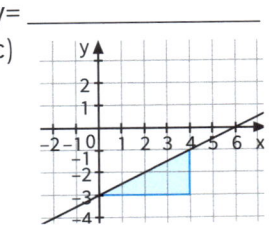

d)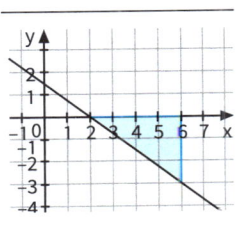

y= _____

y= _____

 2 Zeichne in ein Koordinatensystem die Graphen zu den Funktionen
$y = \frac{1}{4}x + 3$ und $y = -x + 3$.
Gib die Koordinaten des Schnittpunkts S an.

S (3 | 3)

 3 Die lineare Funktion f verläuft durch die Punkte A(−2|5) und B(3|2,5).
Gib die Funktionsgleichung von f an.

f: y = _____

 4 a) Ordne jeder Parabel in der Abbildung rechts die passende Funktionsgleichung zu.

(1) $y = x^2 + 1$ → _____

(2) $y = -x^2 + 2x - 1$ → _____

(3) $y = 2x^2 + 1$ → _____

(4) $y = 0,5x^2 - 2x - 4$ → _____

b) Gib für jede Parabel die Koordinaten ihres Scheitelpunkts an.

S_1 (___|___) S_3 (___|___)

S_2 (___|___) S_4 (___|___)

5 a) Erstelle jeweils eine Wertetabelle für x = −3; −2; … ; 2; 3 zu der quadratischen Funktion.

(1) $y = x^2 - 3$ (2) $y = -x^2 + 2x - 6$

b) Zeichne die Graphen und gib jeweils den Scheitelpunkt an. S_1 (___|___) S_2 (___|___)

8 Gleichungen und Graphen (von S. 10)

Ordne den Graphen (g_1, g_2, … g_6) die zugehörige Funktionsgleichung zu. Zwei Gleichungen passen zu keinem Graphen.

$y = -0,5x^2$	$y = -2x^2$
$y = x - 2$	$y = 2x^2$
$y = -x - 2$	$y = -x + 2$
$y = x^2 + 2x + 2$	$y = 0,5x^2$

g_1, g_4 und g_5 haben Geradengleichungen der Form $y = mx + n$. Sie steigen bei m > 0 und fallen bei m < 0; der y-Achsenabschnitt ist n.

Also gilt:
g_1: $y = -x - 2$; g_4: $y = -x + 2$; g_5: $y = x - 2$

g_2, g_3 und g_6 haben Parabelgleichungen der Form $y = ax^2 + bx + c$. Sie schneiden die y-Achse bei c; für b = 0 liegt der Scheitelpunkt auf der y-Achse.
Für a > 0 ist die Parabel nach oben geöffnet, für a < 0 nach unten geöffnet.
Für |a| > 1 ist sie enger als die Normalparabel (gestreckt), für 0 <| a | < 1 ist sie breiter als die Normalparabel (gestaucht).

Also gilt:
g_2: $y = -0,5x^2$; g_3: $y = 2x^2$; g_6: $y = x^2 + 2x + 2$

http://nale.fi/kopc

http://nale.fi/nkxr

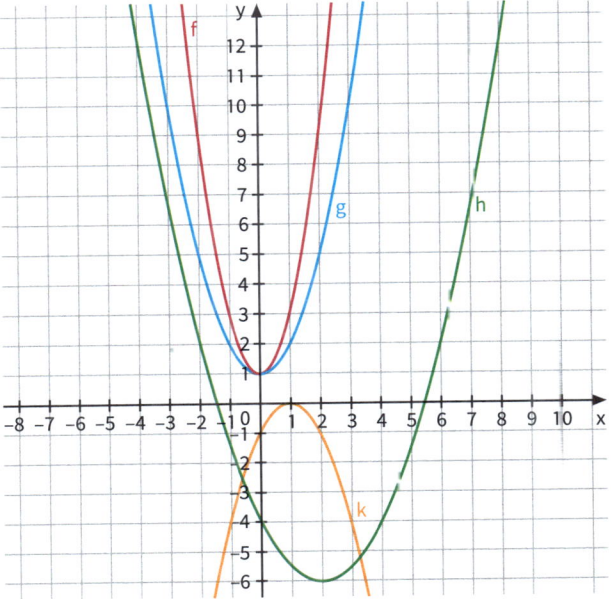

http://nale.fi/cbxe

9 Parabeln in versch. Darstellungen (von S. 10)

Eine Parabel hat den Scheitelpunkt S (3 | –15) und ist gegenüber der Normalparabel um den Faktor a = 2 gestreckt. Gib die Scheitelpunktform der Parabel an und wandle diese in die allgemeine Form um.

Eine Parabel mit dem Scheitelpunkt S (d | e) wird durch die Scheitelpunktform
f(x) = a (x – d)² + e beschrieben.
Um die gesuchte Scheitelpunktform aufzustellen, notierst du dir am besten erstmal alle gegebenen Werte.
Aus S (3 | –15) folgt: d = 3 und e = –15
Zudem ist der Faktor a gegeben: a = 2
Diese Werte setzt du in die Scheitelpunktform ein: **f(x) = 2 (x – 3)² – 15**
Die allgemeine Form der quadratischen Funktion erhältst du dann, indem du die Gleichung umformst:
f(x) = 2 (x – 3)² – 15 | bin. Formel anwenden
f(x) = 2 (x² – 6x + 9) – 15 | ausmultiplizieren
f(x) = 2x² – 12x + 18 – 15 | zusammenfassen
f(x) = 2x² – 12x + 3

1 Eine Parabel hat den Scheitelpunkt S (2 | –3) und ist gegenüber der Normalparabel um den Faktor a = 0,5 gestaucht.
Gib die Scheitelpunktform der Parabel an und wandle diese in die allgemeine Form um.

Scheitelpunktform: _____

allgemeine Form: _____

TIPP

Mit der quadratischen Ergänzung bringst du den Funktionsterm y = ax² + bx + c in die Scheitelpunktform f(x) = a (x – d)² + e.

2 Forme die Gleichung der quadratischen Funktion in die Scheitelpunktform um und gib die Koordinaten des Scheitelpunkts an.

a) y = x² + 4x + 1   S (____ | ____)

b) y = 2x² – 20x + 2   S (____ | ____)

c) y = –0,5x² + 8x + 4   S (____ | ____)

d) y = –4x² – 12x + 2   S (____ | ____)

3 Eine Parabel wird durch die Gleichung f(x) = – 1,5 (x + 4)² + 8 beschrieben.

a) Gib ihren Scheitelpunkt an.   S (____ | ____)

b) Beschreibe, wie man die Parabel mit der angegebenen Gleichung aus der Normalparabel gewinnen kann.

_____

_____

_____

_____

TIPP

Eine *Parabel* mit dem Scheitelpunkt S (d | e) wird durch die Scheitelpunktform f(x) = a (x – d)² + e beschrieben. Am Faktor a kannst du erkennen, ob die Parabel gestreckt oder gestaucht und nach oben oder unten geöffnet ist.

c) Wandle die Scheitelpunktform in die allgemeine Form um. _____

4 Lukas behauptet, dass diese drei Gleichungen dieselbe Funktion beschreiben:

Überprüfe rechnerisch, ob Lukas recht hat.

(1) f(x) = (x – 1,5)² – 20,25

(2) g(x) = x² – 3x – 18

(3) h(x) = (x + 3) · (x – 6)

5 Gib den Scheitelpunkt der angegebenen Funktion an, dann bestimme – wie im Beispiel – ihre Nullstellen.

a) y = (x – 2)² – 1

b) y = (x + 4)² – 16

c) y = 0,5 (x + 4)² – 8

d) y = –2,5 (x + 1)² + 10

$$y = (x + 3)^2 – 4 \qquad S(–3 | –4)$$
$$(x + 3)^2 – 4 = 0$$
$$(x + 3)^2 = 4$$
$$x + 3 = \sqrt{4} \text{ oder } x + 3 = –\sqrt{4}$$
$$x + 3 = 2 \qquad x + 3 = –2$$
$$x_1 = –1 \qquad x_2 = –5$$

1 Welcher Graph passt zu der Sachsituation?

(A) Eine Ferienwohnung kostet pro Tag 45 €. Unabhängig von der Mietdauer werden für die Endreinigung 30 € verlangt.

(B) Die Busreise von Köln nach Prag kostet pro Person 45 €.

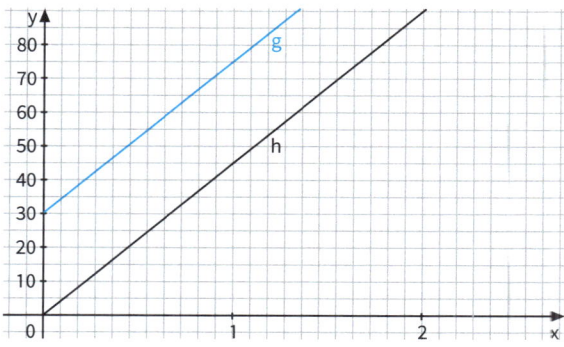

Situation A: _____   Situation B: _____

 2 Die im Koordinatensystem dargestellte Funktion gibt den Zusammenhang zwischen der Futtermenge und der Zeit an.

a) Wie viel Kilogramm Futter sind zu Beginn vorhanden?

_____

b) Nach wie vielen Tagen ist die Futtermenge aufgebraucht?

_____

c) Bestimme die Funktionsgleichung.

_____

 3 Zeichne die Graphen der linearen Funktionen $y = -3x + 4$ und $y = 4x - 3$ in ein Koordinatensystem.
Gib die Koordinaten des Schnittpunkts der beiden Graphen an.   S (___ | ___)

10 **Lineare Funktion – Füllmenge** (von S. 10)

Die im Koordinatensystem dargestellte Funktion stellt den Zusammenhang zwischen der Füllmenge in einem Bewässerungstank und der Zeit dar.
a) Wie viel Liter Wasser sind am Anfang im Tank?
b) Bestimme, um wie viel Liter pro Minute die Wassermenge abnimmt.
c) Gib die Funktionsgleichung an.

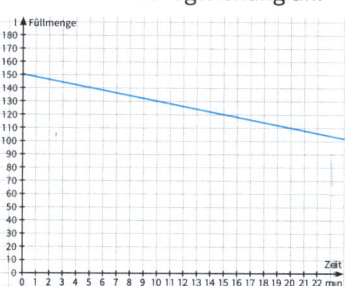

Zu a)
Der Graph schneidet die y-Achse an der Stelle 150. Am Anfang sind **150 l** im Tank.

Zu b)
Wir suchen uns zwei Punkte, deren Koordinaten gut ablesbar sind, z. B. A (0|150) und B (15|120).
Aus den Koordinaten lesen wir ab:
In 15 Minuten nimmt die Füllmenge um 30 l ab.
In 1 Minute nimmt sie dann um **2 l** (= 30 l : 15) ab.

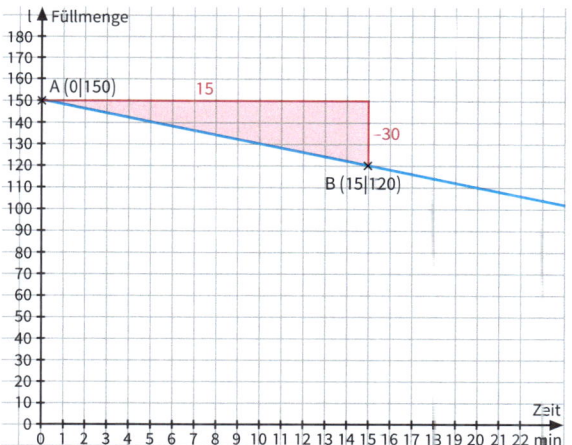

Zu c)
Bei der allgemeinen Funktionsgleichung $y = mx + n$ gibt m die Steigung des Graphen an und n den y-Achsenabschnitt.
In diesem Beispiel ist n = 150.
Da der Graph fällt, ist $m = -\frac{30}{15} = -2$.
Die Funktionsgleichung lautet also:
$y = -2x + 150$

http://nale.fi/kmbw

http://nale.fi/hgws

11 Exponentielles Wachstum (von S. 10)

Eine Stadt hat 42 000 Einwohner. Es wird damit gerechnet, dass die Einwohnerzahl in den nächsten fünf Jahren jährlich um 2 % zunimmt.
Berechne, wie viele Einwohner die Stadt in fünf Jahren voraussichtlich haben wird.

Die voraussichtliche Entwicklung der Einwohnerzahl soll jährlich 2 % betragen, die Anfangsgröße beträgt 42 000.
Es handelt sich um ein exponentielles Wachstum mit $q = 1 + 2\% = 1 + \frac{2}{100} = 1{,}02$.
Die berechneten Werte müssen auf die Einerstelle gerundet werden, da Einwohnerzahlen stets natürliche Zahlen sind.

1. Lösungsweg:

Jahr	0	1	2	3	4	5
Größe	42 000	42 840	43 696,8	44 570,74	45 462,15	46 371,39

$\cdot 1{,}02 \quad \cdot 1{,}02 \quad \cdot 1{,}02 \quad \cdot 1{,}02$

Nach 5 Jahren hat die Stadt voraussichtlich **46 371** Einwohner.

2. Lösungsweg:

Wenn die Werte einer exponentiell zu- oder abnehmenden Größe über mehrere Schritte hinweg berechnet werden, kann man auch Potenzen des Wachstumsfaktors q verwenden.
Hat die Größe den Anfangswert G, dann gilt für den Wert G_n (nach n Schritten):
$$G_n = G \cdot \underbrace{q \cdot \ldots \cdot q}_{n\text{-mal}} = G \cdot q^n$$
$G = 42\,000 \quad q = 1{,}02 \quad n = 5$
$G_5 = 42\,000 \cdot 1{,}02^5 \approx 46\,371$
Nach 5 Jahren hat die Stadt voraussichtlich **46 371** Einwohner.

---

4 Elifs Familie hat am Tag ihrer Geburt 2 000 € auf ein Bankkonto gelegt. Das Kapital wird seither jährlich mit 2,5 % verzinst.
Bestimme mithilfe des Wachstumsfaktors q, auf welchen Betrag das Guthaben an Elifs 18. Geburtstag angewachsen ist.

---

 1 Aus einer Kleinstadt mit 12 000 Einwohnern wandern pro Jahr etwa 2 % in die Großstadt ab. Erläutere, was mit dem Term $12\,000 \cdot 0{,}98^8$ berechnet wird.

_____

_____

_____

 2 Die Wertetabelle stellt exponentielles Wachstum dar.

x	0	1	2	3	4
y	2	3			

a) Begründe rechnerisch, dass der Wachstumsfaktor 1,5 ist.

_____

_____

b) Berechne mithilfe des Wachstumsfaktors die fehlenden Werte.

3 In einer Bakterienkultur wurden 20 000 Bakterien gezählt. Ihre Anzahl nimmt pro Stunde um 4 % zu. Berechne mithilfe der Tabelle die Anzahl von Bakterien, die nach 4 Stunden zu erwarten sind. Runde sinnvoll.

Stunde	0	1	2	3	4
Anzahl	20 000				

Antwort: _____

_____

Geometrie

 1 Ein Rechteck hat einen Umfang von 18 cm. Wie breit und wie lang könnte es sein? Gib alle ganzzahligen Möglichkeiten an.

Breite	Länge

 2 Ein Rechteck ist 7 cm breit und 3 cm länger als breit.
Berechne Flächeninhalt und Umfang dieses Rechtecks.

3 Ein Baugrundstück ist rechteckig und hat die Maße 32 m x 24 m.

a) Wie viel Quadratmeter ist es groß?

b) Wie teuer ist das Grundstück, wenn ein Quadratmeter 75 € kostet?

4 Ein alter Sportplatz wird umgebaut. Im rot gefärbten Teil wird ein Bolzplatz mit einem Kunststoffboden angelegt. Auf dem restlichen Teil des alten Platzes wird Rasen gesät.

 a) Der Bolzplatz wird von einem hohen Drahtzaun eingefasst. An drei Stellen im Zaun sind ein Meter breite Türen eingelassen.
Wie viel Meter Drahtzaun werden benötigt?

_____ m

b) Berechne, wie viel Quadratmeter Kunststoffboden benötigt werden.

_____ m²

c) Ein Sack mit 25 kg Rasensamen reicht für 800 m². Ermittle, wie viele Säcke Rasensamen für den neuen Rasen gekauft werden müssen.

_____ Säcke

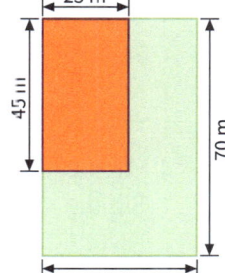

---

12 Rechteck (von S. 11)

Ein Rechteck ist 8 cm lang und hat einen Umfang von 30 cm. Wie groß ist sein Flächeninhalt?

Skizze:

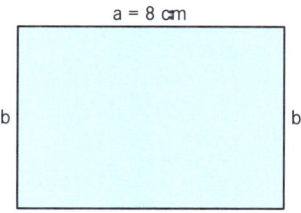

Gegeben:
Länge einer Rechteckseite: a = 8 cm
Umfang des Rechtecks: u = 2a + 2b = 30 cm
Gesucht: Flächeninhalt A des Rechtecks
Um A = a · b zu ermitteln, wird die Länge der zweiten Rechteckseite b benötigt.

$$u = 2 \cdot a \quad + 2 \cdot b$$
$$30\ cm = 2 \cdot 8\ cm + 2b$$
$$30\ cm = 16\ cm \quad + 2b \qquad |-16\ cm$$
$$14\ cm = 2b \qquad\qquad |:2$$
$$7\ cm = b$$

$$A = a \cdot b$$
$$A = 8\ cm \cdot 7\ cm$$
$$\mathbf{A = 56\ cm^2}$$

http://nale.fi/hnuz

13 Dreieck im Koordinatensystem (von S. 11)

a) Gib die Koordinaten der Punkte P, Q, R an.
b) Welchen Flächeninhalt hat das Dreieck PQR?
c) Trage den Punkt S (4|4) in das Koordinatensystem ein. Wie heißt die Figur PQRS?
d) Bestimme den Flächeninhalt der Figur PQRS.

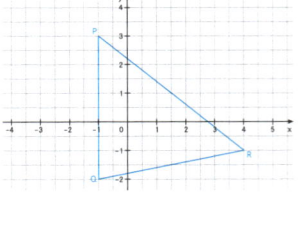

Zu a)
P (−1|3); Q (−1|−2); R (4|−1)

Zu b)
g = 5 cm; h = 5 cm → A = $\frac{5\,cm \cdot 5\,cm}{2}$ = **12,5 cm²**

Zu c)
Die Figur PQRS ist ein **Parallelogramm**.

Zu d)
A = g · h
A = 5 cm · 5 cm
A = 25 cm²

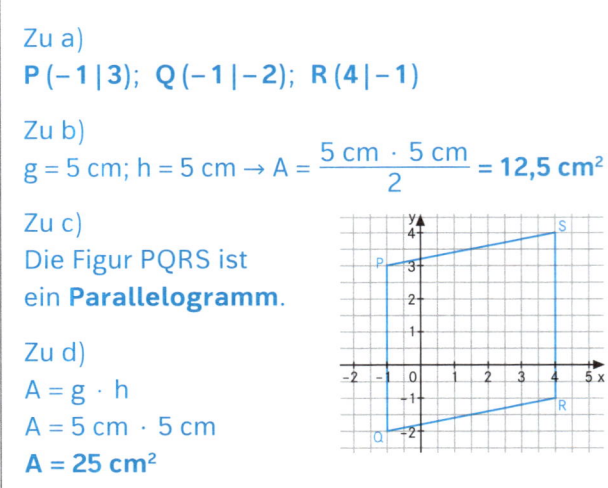

1 Zeichne das Dreieck ABC mit A (−3|3,5), B (−3|0) und C (3|1) in das Koordinatensystem mit der Einheit 1 cm.

a) Welchen Flächeninhalt hat das Dreieck?

b) Finde einen vierten Punkt D so, dass das Viereck ABDC ein Parallelogramm ist. Gib die Koordinaten des Punktes D an.

c) Welchen Flächeninhalt hat das Viereck ABDC?

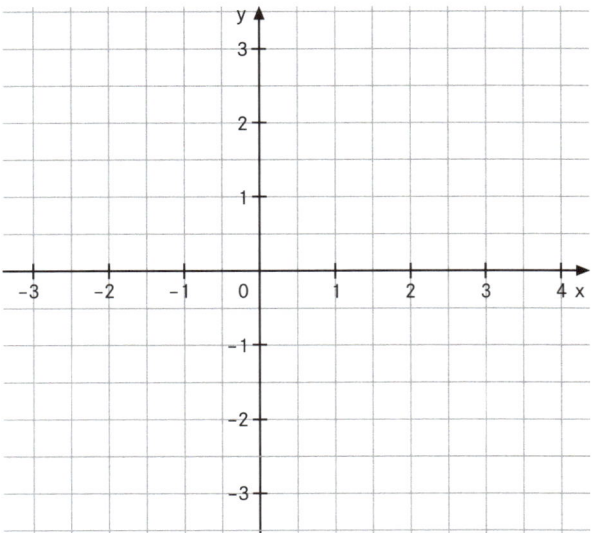

2 Zeichne das Dreieck ABC mit A (−2|−2), B (5|2) und C (−2|2) in ein Koordinatensystem (1 LE ≙ 1 cm).

a) Spiegele den Punkt C an der Geraden AB und gib die Koordinaten des Spiegelpunkts C′ an.

C′ (___ | ___)

b) Wie heißt das Viereck AC′BC? Berechne seinen Umfang und seinen Flächeninhalt.

3 Trage die Punkte A (−3|1), B (4|1) und C (4|4) in das Koordinatensystem ein und verbinde sie zu einem Dreieck.

a) Berechne den Flächeninhalt des Dreiecks.

_____

b) Markiere den Mittelpunkt M der Seite $\overline{BC}$. Gib die Koordinaten des Punktes M an.

_____

c) Zeichne durch den Punkt M die Parallele zu $\overline{AB}$. Sie trifft $\overline{AC}$ im Punkt D. Wie heißt das Viereck ABMD? _____
Berechne seinen Flächeninhalt.

_____

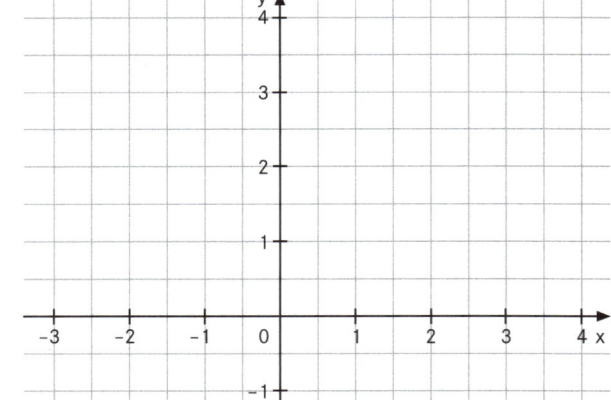

1 Ein Quader ist 0,7 m lang, 20 cm breit und 30 mm hoch.
Bestimme das Volumen des Quaders (in cm³).

V = _____

 2 Berechne das Volumen und den Oberflächeninhalt des Quaders. Entnimm die benötigten Maße aus dem abgebildeten Quadernetz.

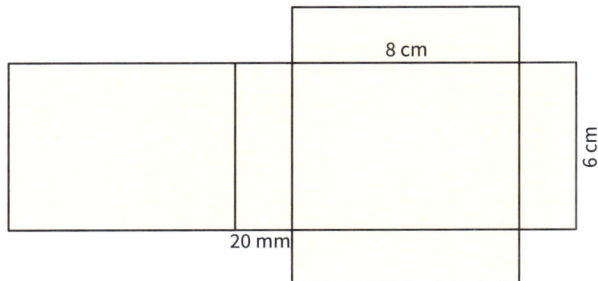

8 cm

6 cm

20 mm

V = _____

O = _____

3 Der Boden eines quaderförmigen Aquariums hat die Innenmaße 8 dm x 4,5 dm. Das Aquarium ist 6 dm hoch und bis 5 cm unter den Rand gefüllt.
Wie viel Liter Wasser befinden sich in diesem Aquarium?

 4 Ein Schwimmbecken ist 25 m lang und verfügt über acht Bahnen von je 1,50 m Breite. Es ist an allen Stellen gleich tief und fasst 750 m³ Wasser. Wie tief ist es?

_____

 5 Ein Quader ist doppelt so lang wie breit und dreimal so hoch wie breit.
Sein Volumen beträgt 48 cm³. Wie breit ist der Quader?

b = _____ cm

6 Eine Baugrube ist 4 m lang, 2,50 m breit und 1,80 m tief.

a) Wie viel Kubikmeter Erde mussten ausgehoben werden? _____

b) Ein Kubikmeter Erde wiegt 1700 kg. Berechne die Masse des Erdaushubs in Tonnen.

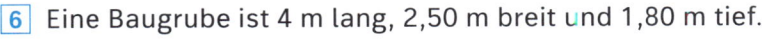

http://nale.fi/vfko

14 Umzug (von S. 11)

Für den Transport von 90 Umzugskartons sucht Familie Meyer bei einer Leihfirma ein geeignetes Fahrzeug. Ein Karton hat folgende Abmessungen (in mm):
600 x 330 x 340.
Es stehen Transporter mit einem Ladevolumen von 5,8 m³ und 9,5 m³ zur Auswahl. Welcher Transporter würdest du empfehlen? Begründe rechnerisch.

Zunächst muss das Volumen eines Kartons berechnet werden.
Für Quader gilt die Volumenformel:
V = Länge · Breite · Höhe
V = 600 mm · 330 mm · 340 mm
V = 0,6 m · 0,33 m · 0,34 m
V = 0,06732 m³
90 Kartons haben das Volumen:
90 · 0,06732 m³ = 6,0588 m³
Zu empfehlen ist der Transporter mit dem **Ladevolumen von 9,5 m³.**

TIPP

Volumen
Die Umwandlungszahl ist 1000.
1000 mm³ = 1 cm³
1000 cm³ = 1 dm³
1000 dm³ = 1 m³
1 dm³ = 1 l   1 l = 1000 ml
1 cm³ = 1 ml

http://nale.fi/hzds

15 Zylinder (von S. 11)

a) Skizziere das Netz eines Zylinders.
b) Ein Zylinder hat eine Grundfläche mit dem Radius 14 cm und ist 8 cm hoch.
Bestimme den Oberflächeninhalt des Zylinders gerundet auf ganze cm².

Zu a)

Netz:

Die Länge der Mantelfläche entspricht dem Kreisumfang $2 \cdot \pi \cdot r$.

$A = \pi \cdot r^2$

$M = 2 \cdot \pi \cdot r \cdot h$

$2 \cdot \pi \cdot r$

Zu b)
$O = 2 \cdot \pi \cdot r^2 + 2 \cdot \pi \cdot r \cdot h$
$O = 2 \cdot \pi \cdot (14 \text{ cm})^2 + 2 \cdot \pi \cdot 14 \text{ cm} \cdot 8 \text{ cm}$
$O = 2 \cdot \pi \cdot 196 \text{ cm}^2 + 2 \cdot \pi \cdot 112 \text{ cm}^2$
$O \approx 1935 \text{ cm}^2$

1 Ein Kreis hat den Durchmesser d = 6 cm. Kreuze seinen Umfang u und seinen Flächeninhalt A an.

u: ☐ 18,85 cm   ☐ 28,27 cm   ☐ 37,7 cm

A: ☐ 9,42 cm²   ☐ 28,27 cm²   ☐ 56,55 cm²

2 Der Mittelkreis eines Fußballfeldes hat einen Radius von 9,15 m. Berechne seinen Umfang und seinen Flächeninhalt.

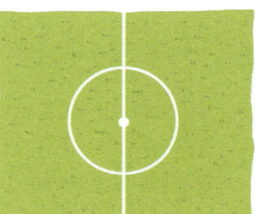

u = _____

A = _____

3 Die Reifen von Laras Fahrrad haben einen Durchmesser von 26 Zoll. (1 Zoll = 2,54 cm)

a) Welchen Umfang hat ein Reifen?   u = _____

b) Lara fährt 4,6 km zur Schule. Bestimme, wie oft sich dabei jeder der beiden Reifen dreht.

_____

4 a) Zeichne das Netz des abgebildeten Zylinders.

b) Berechne den Flächeninhalt seines Mantels und seiner Oberfläche.

M = _____ cm²   O = _____ cm²

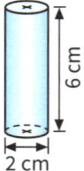

6 cm

2 cm

5 Abgebildet ist der Mantel eines 8 cm hohen Zylinders. Berechne Durchmesser und Volumen des Zylinders.

d = _____ cm   V = _____ cm³

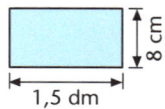

8 cm

1,5 dm

6 Familie Meier kauft einen Pool für den Garten. Er hat einen Durchmesser von 3,05 m und eine Höhe von 76 cm. Der Pool wird bis 6 cm unter den oberen Rand mit Wasser gefüllt. 1 m³ Wasser kostet 1,68 €.

Wie teuer wird eine Poolfüllung? _____

7 Eine Dose Suppe hat einen Durchmesser von 10,4 cm und eine Höhe von 12 cm.

a) Auf der Banderole (Dosenmantel) ist ein Inhalt von 1 000 ml angegeben. Überprüfe, ob diese Angabe zutrifft.

b) Berechne, wie viel Quadratmeter Papier man zur Herstellung von 50 000 Banderolen braucht.

1 Berechne x.

a)

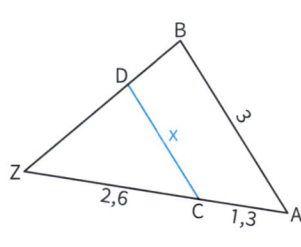

x = _____

b)

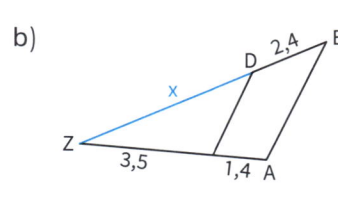

x = _____

TIPP

Zentrische Streckung
Wenn die Geraden parallel sind, dann ist das Verhältnis entsprechender Strecken immer gleich.

---

 2 Fins Augenhöhe beträgt 1,75 m. Er peilt über den Stab die Spitze des Hausdaches an.
Wie hoch ist das Haus?

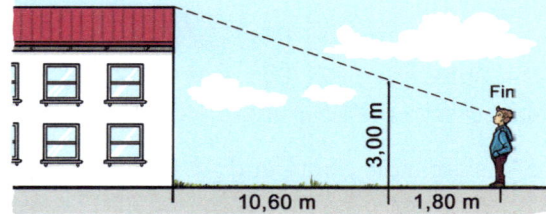

---

16 Buchstaben-Design (von S. 12)

http://nale.fi/acot

Emil entwirft neue Schriftarten für den Computer. Er beginnt mit dem Buchstaben A (siehe Abbildung rechts). Den noch fehlenden Querstrich möchte er so einzeichnen, dass er
- $\frac{1}{3}$ der unteren Breite des Buchstabens als Länge hat und
- parallel zur Grundlinie verläuft.

Berechne, wo Emil den Querstrich einzeichnen muss. Zeichne den Buchstaben auf ein extra Blatt. Zeichne den Querstrich ein und überprüfe an der Zeichnung deine Berechnung.

$$\overline{CD} = \frac{1}{3} \cdot \overline{AB} = \frac{1}{3} \cdot 6 \text{ cm} = 2 \text{ cm} \ (\text{s Skizze})$$

Gesucht ist $\overline{SC}$ bzw. $\overline{SD}$. Da $\overline{CD}$ parallel zu $\overline{AB}$ ist, sind die Dreiecke ABS und CDS ähnlich. Entsprechende Strecken stehen im gleichen Verhältnis:

$$\frac{\overline{SC}}{\overline{SA}} = \frac{\overline{CD}}{\overline{AB}}$$

$$\frac{\overline{SC}}{6,6 \text{ cm}} = \frac{2 \text{ cm}}{6 \text{ cm}} \qquad | \cdot 6,6 \text{ cm}$$

$$\overline{SC} = \frac{2 \text{ cm} \cdot 6,6 \text{ cm}}{6 \text{ cm}} = 2,2 \text{ cm}$$

Zeichne nun die Strecke $\overline{AB} = 6$ cm und Kreisbögen um A und B mit dem Radius 6,6 cm. Vom Schnittpunkt S aus kannst du 2,2 cm abmessen für C und D. $\overline{CD}$ sollte jetzt 2 cm lang sein.

---

 3 Es gilt: $\overline{XY}$ ist parallel zu $\overline{VW}$ und $\frac{1}{3}\,\overline{UX} = \overline{UV}$.
Welche der folgenden Gleichungen ist richtig? Begründe deine Antwort.

☐ $\frac{1}{3}\,\overline{VW} = \overline{XY}$ ☐ $\overline{VW} = 3 \cdot \overline{XY}$ ☐ $\overline{VW} \cdot \overline{XY} = \frac{1}{3}$ ☐ $3 \cdot \overline{VW} = \overline{XY}$

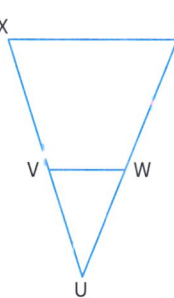

---

 4 Hanna ist 1,50 m groß und wirft einen 1,20 m langen Schatten. Der neben ihr laufende Sebastian hat zum gleichen Zeitpunkt einen Schatten von 1,40 m.
Wie groß ist Sebastian?

17 Drachen (von S. 12)

Sven hat einen Drachen gebaut. Die beiden kürzeren Seiten a und b sind jeweils 25 cm lang und schließen einen rechten Winkel ein. Die Längen der beiden Diagonalen e und f verhalten sich wie 2 : 3.

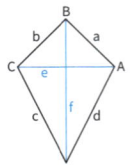

a) Berechne die Längen der beiden Diagonalen.
b) Rund um den Drachen wurde eine Schnur gespannt. Wie lang ist sie?

Zu a)

In dem Teildreieck ABC ist bei B ein rechter Winkel; a und b sind die Katheten und e ist die Hypotenuse. Es gilt der Satz des Pythagoras:
$a^2 + b^2 = e^2$.
$(25 \text{ cm})^2 + (25 \text{ cm})^2 = e^2$

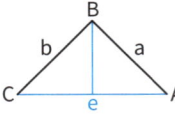

$e^2 = 1250 \text{ cm}^2 \rightarrow$ **e ≈ 35,36 cm**
Das Seitenverhältnis von e zu f beträgt 2 : 3, d.h., f ist 3-mal so lang wie $\frac{e}{2}$, also

$f = 3 \cdot \frac{e}{2} = 3 \cdot 17,68 \text{ cm}$ **f = 53,04 cm.**

Zu b)

Die Längen der Seiten a und b des Drachens sind bereits gegeben. Zu berechnen ist noch die Länge der Seite c.

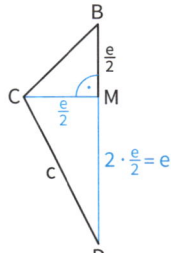

$\overline{BM} = \frac{e}{2}$, weil BCM ein gleichschenkliges Dreieck mit den Basiswinkeln 45° ist. $\overline{DM}$ ist doppelt so lang wie $\overline{BM}$.

Die Längen der Katheten im Dreieck CDM sind $\frac{e}{2}$ und $2 \cdot \left(\frac{e}{2}\right) = e$. Nach dem Satz des Pythagoras gilt damit: $c^2 = \left(\frac{e}{2}\right)^2 + e^2$

$c^2 = (17,68 \text{ cm})^2 + (35,36 \text{ cm})^2 = 1562,912 \text{ cm}^2$
$c \approx 39,53 \text{ cm}$

Die Länge der Schnur entspricht dem Umfang des Drachenvierecks:
$u = 2 \cdot 25 \text{ cm} + 2 \cdot 39,53 \text{ cm} \approx 129 \text{ cm}$.
Die Schnur rund um den Drachen ist ungefähr **130 cm lang.**

---

1 Formuliere für die folgenden Dreiecke zuerst den Satz des Pythagoras mit den gegebenen Bezeichnungen und berechne dann die fehlende Seitenlänge.

a)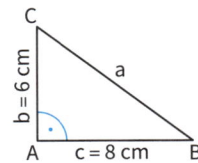

b)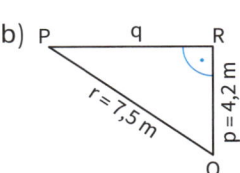

2 Überprüfe mit einer Rechnung, ob das Dreieck ABC mit a = 5 cm, b = 12 cm und c = 13 cm rechtwinklig ist.

3 Die Punkte A (5 | 2), B (1 | −1) und C (5 | −4) und D sind die Eckpunkte einer Raute.

a) Zeichne die Raute und gib die Koordinaten von D an.

D (____ | ____)

b) Berechne den Umfang und den Flächeninhalt der Raute.

u = _____ ; A = _____

4 Der Bildschirm eines Fernsehgeräts ist 121,2 cm breit und 68,2 cm hoch. Berechne die Länge der Bildschirmdiagonalen in cm und in Zoll. (1 Zoll = 2,54 cm)

_____

_____

5 Lara muss für eine Flugreise ihre Trekkingstöcke in den Koffer packen. Zusammengeschoben sind die Stöcke 70 cm lang, ihr Koffer hat die Maße 58 cm x 38 cm x 20 cm. Braucht sie einen anderen Koffer? Begründe.

1 Bestimme – ohne zu messen – die Größe der Winkel α, β, γ, δ und ε. Begründe.

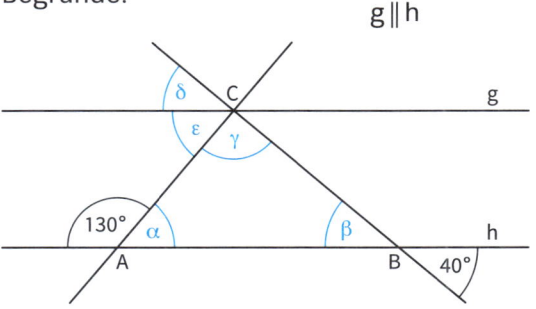

g ∥ h

	Größe	Begründung
α		
β		
γ		
δ		
ε		

TIPP

Winkelsumme im Dreieck
Die Summe der Innenwinkel eines Dreiecks beträgt immer 180°.

 2 Bestimme die Größe der Winkel α und φ.

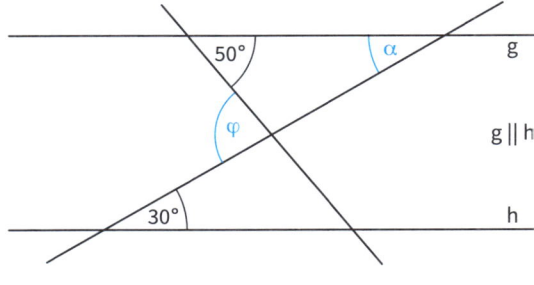

g ∥ h

α = _____ φ = _____

---

18 Winkel (von S. 12)

http://nale.fi/uopq

In der Abbildung sind die Geraden g und h parallel.

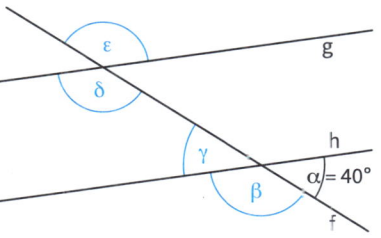

a) Bestimme, ohne zu messen, die Größe der Winkel β, γ, δ und ε. Begründe.
b) In einem Geometrieprogramm wird die Gerade f so gedreht, dass α = 105° groß ist. Wie verändern sich dadurch die Größen von β, γ, δ und ε? Überprüfe deine Lösung durch eine Zeichnung.

Zu a)
β ist ein Nebenwinkel von α. Beide zusammen sind 180° groß.
β = 180° − α.
β = 180° − 40° = 140°

γ ist als Scheitelwinkel von α genauso groß wie α, also **γ = 40°**.

δ ist ein Stufenwinkel zu β und damit genauso groß, also **δ = 140°**.

ε ist ein Scheitelwinkel zu δ oder auch ein Wechselwinkel zu β und damit ebenfalls 140° groß, also **ε = 140°**.

Zu b)
Wenn α = 105° beträgt, ist der Nebenwinkel β = 75° und der Scheitelwinkel γ = 105° groß. δ und ε sind so groß wie β, also ebenfalls 75°.

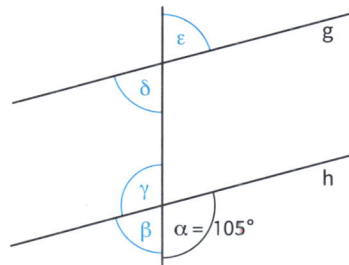

 3 Begründe, dass in jedem Trapez gilt:
α + δ = 180° und β + γ = 180°.

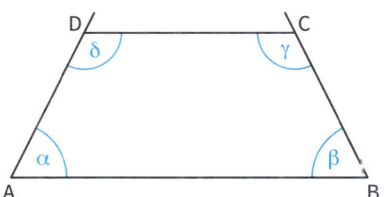

33

Daten und Zufall

http://nale.fi/yahr

19 Tablet (von S. 12)

Im Internet wird ein Tablet zu folgenden Preisen angeboten.

256 €
252 €
320 €
269 €
279 €

a) Gib den Median (Zentralwert), die Spannweite und das arithmetische Mittel der Preise an.
b) Berücksichtigt man noch ein sechstes Angebot, beträgt das arithmetische Mittel nur noch 264 €. Wie teuer ist das Tablet aus diesem Angebot?

Zu a)
Zuerst werden die Daten der Größe nach geordnet:
252 €; 256 €; **269 €**; 279 €; 320 €
Bei einer ungeraden Anzahl von Daten ist der Median der Wert in der Mitte. Bei einer geraden Anzahl von Daten stehen in der Mitte zwei Werte. Als Median gibt man dann das arithmetische Mittel dieser beiden Werte an.

Median: 269 €

Die Spannweite ist die Differenz zwischen dem größten und kleinsten Wert.

Spannweite: 320 € – 252 € = **68 €**

Beim arithmetischen Mittel werden alle Werte addiert und die Summe durch die Anzahl der Werte geteilt.

arithmetisches Mittel:
(252 € + 256 € + 269 € + 279 € + 320 €) : 5
= 1376 € : 5 = **275,20 €**

Zu b)
x sei der Preis des neuen Angebots. Alle sechs Preise zusammen ergeben das Sechsfache des neuen arithmetischen Mittels von 264 €, also:

$$1376 € + x = 6 \cdot 264 €$$
$$1376 € + x = 1584 € \qquad |-1376 €$$
$$x = 208 €$$

Beim sechsten Angebot kostet das Tablet **208 €.**

---

1 Gib jeweils die Spannweite, den Median (Zentralwert) und das arithmetische Mittel der Stichprobe an.

a) 85 €; 65 €; 120 €; 100 €; 90 €

Spannweite: _____   Median: _____

arithmetisches Mittel: _____

b) 5,50 m; 4,20 m; 5,20 m; 4,80 m; 5,30 m; 5,00 m

Spannweite: _____   Median: _____

arithmetisches Mittel: _____

2 Ein Fahrstuhl darf maximal 12 Personen befördern. Es steigen 12 Personen mit den auf dem Zettel angegebenen Gewichten ein.

78,5 kg	96,0 kg	81,4 kg	54,5 kg
67,5 kg	93,4 kg	72,2 kg	56,8 kg
98,6 kg	78,2 kg	73,8 kg	84,3 kg

Bei der Angabe „max. 12 Personen" wurde davon ausgegangen, dass die Personen durchschnittlich 80 kg wiegen.
Ist das hier so?

3 Sabine hat mit sieben Sprüngen für den Weitsprung-Wettbewerb trainiert. Hier sind die Weiten der ersten fünf Sprünge:

4,20 m	4,65 m	3,95 m	4,10 m	4,45 m

Der sechste Sprung war zugleich Sabines schlechteste Weite. Nach dem mittelmäßigen siebten Sprung stellt Sabine fest:

(1) Die Weitsprungdaten haben eine Spannweite von 90 cm.
(2) Das arithmetische Mittel der Sprungweiten ist 4,20 m.

Wie weit ist Sabine im sechsten und siebten Versuch gesprungen?

Weite im sechsten Versuch: _____

Weite im siebten Versuch: _____

1 Umsatzverteilung eines Online-Händlers:

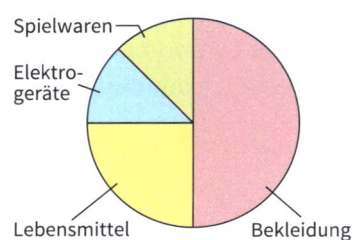

a) Gib an, wie viel Prozent des Umsatzes er in den vier Bereichen etwa gemacht hat.

Lebensmittel: _____ %   Elektrogeräte: _____ %

Spielwaren: _____ %   Bekleidung: _____ %

b) Insgesamt hat der Händler 120 Mio. Euro Umsatz gemacht. Wie verteilt sich diese Summe auf die vier Bereiche?

Lebensmittel: _____ Mio. €

Elektrogeräte: _____ Mio. €

Spielwaren: _____ Mio. €

Bekleidung: _____ Mio. €

2 2022 verbrauchte jeder Einwohner in Deutschland im Durchschnitt 126 Liter Trinkwasser. Davon entfielen 45 Liter auf ‚Baden und Duschen‘, 34 Liter auf ‚Toilettenspülung‘, 15 Liter auf ‚Wäsche waschen‘.
Fülle die Tabelle aus und stelle diese Anteile in einem Kreisdiagramm dar.

	Verbrauch	Anteil	Winkel
Baden/Duschen			
Toilette			
Wäsche			
Sonstiges (Rest)			

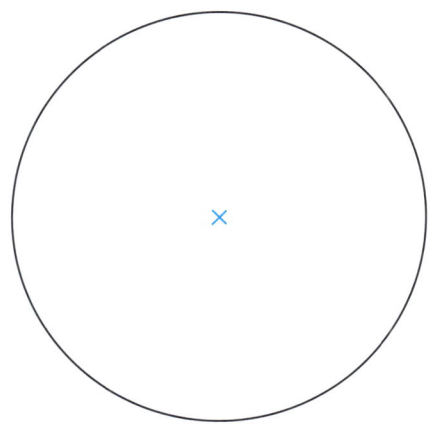

---

20 Nutzflächen in Deutschland (von S. 13)

In dem Diagramm rechts wird dargestellt, wie die Flächen in Deutschland genutzt werden.

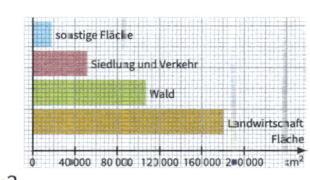

a) Wie viel Quadratkilometer entsprechen 1 mm?
b) (1) Lies aus dem Diagramm ab und fülle die Tabelle aus.
   (2) Bestimme die relativen Häufigkeiten und trage sie in die Tabelle ein. Runde auf eine Nachkommastelle.
   (3) Stelle die Anteile in einem Kreis- und einem Streifendiagramm dar.

http://nale.fi/hwzu

Zu a)   10 mm ≙ 40 000 km²   : 10
    1 mm ≙ 4 000 km²

Zu b)

	(1) Flächeninhalt (in km²)	(2) relative Häufigkeit (in %)
Landwirtschaft	181 000	50,6
Wald	107 000	30,0
Siedlung und Verkehr	51 500	14,4
sonstige Fläche	18 000	5,0
Gesamtfläche	357 500	100

Die relative Häufigkeit berechnet man, indem man den Teilflächeninhalt durch den Gesamtflächeninhalt dividiert.

(3) Kreisdiagramm (1 % ≙ 3,6°)

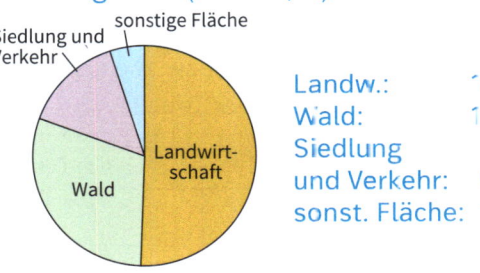

Landw.:   182°
Wald: 108°
Siedlung und Verkehr: 52°
sonst. Fläche: 18°

Streifendiagramm

(5 cm lang)

Beim Streifendiagramm von 10 cm Länge ist jeder Abschnitt doppelt so lang: 1 % entspricht dann 1 mm.

http://nale.fi/psvr

21 Farbige Kugeln (von S. 13)

Aus einem Behälter mit 3 roten, 5 grünen und 2 blauen gleichartigen Kugeln wird eine verdeckt gezogen. Berechne die Wahrscheinlichkeiten für „blau" und für „nicht rot".

a) P (blau)   b) P (nicht rot)

$P (E) = \dfrac{\text{Anzahl der günstigen Ergebnisse}}{\text{Anzahl der möglichen Ergebnisse}}$

Zu a)
Möglich sind 10 Ergebnisse; günstig sind 2 Ergebnisse, da 2 der 10 Kugeln blau sind.
Also: P (blau) $= \dfrac{2}{10} = \dfrac{20}{100} = $ **20 %**

Zu b)
Möglich sind 10 Ergebnisse; günstig sind 7 Ergebnisse, da 7 der Kugeln nicht rot sind.
Also: P (nicht rot) $= \dfrac{7}{10} = \dfrac{70}{100} = $ **70 %**

1 Ein Würfel wird geworfen.

a) Gib zu folgenden Ereignissen die günstigen Ergebnisse an und berechne jeweils die Wahrscheinlichkeit des Ereignisses.

A: *Die Augenzahl ist gerade.*

A = {   } ; P(A) = _____

B: *Die Augenzahl ist durch 2 und durch 3 teilbar.*

B = {   } ; P(B) = _____

C: *Die Augenzahl ist durch 2 oder durch 3 teilbar.*

C = {   } ; P(C) = _____

b) Beschreibe ein weiteres Ereignis mit der Wahrscheinlichkeit $\frac{5}{6}$.

_____

2 Färbe die Kugeln im Behälter rechts so, dass beim verdeckten Ziehen die angegebenen Wahrscheinlichkeiten zutreffen.

3 Aus dem Behälter rechts zieht Till mit verbundenen Augen eine Kugel.

a) Mit welcher Wahrscheinlichkeit zieht er eine blaue Kugel?

P (blaue Kugel) = _____

b) Mit welcher Wahrscheinlichkeit zieht er keine rote Kugel?

P (keine rote Kugel) = _____

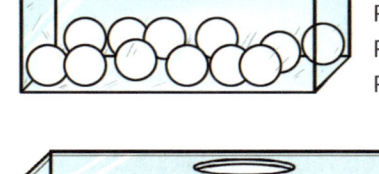

$P (rot) = \frac{1}{6}$
$P (blau) = \frac{1}{3}$
$P (grün) = \frac{1}{2}$

4 Das Glücksrad rechts soll vier farbige Felder haben. Die Mittelpunktswinkel bzw. die Gewinnchancen der Felder stehen in der Tabelle.

Farbe	Winkel	Wahrscheinlichkeit
rot	90°	
gelb		20 %
blau	54°	
grün		

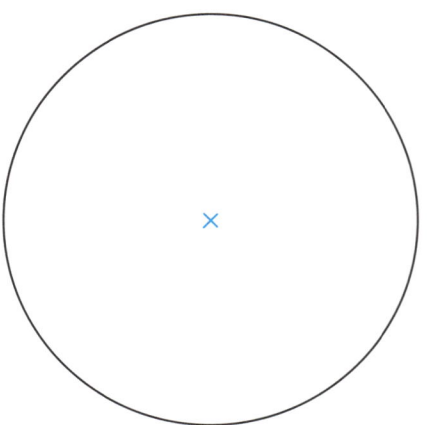

a) Vervollständige die Tabelle und zeichne das Glücksrad.

b) Das Glücksrad wird einmal gedreht. Gib die Wahrscheinlichkeiten an.

(1) P(gelb oder grün) = _____   (2) P(nicht blau) = _____

c) Welches Ereignis hat die Wahrscheinlichkeit 75 %? _____

1 a) Wie groß ist die Wahrscheinlichkeit, mit Würfel
(1) eine Vier zu würfeln?

(1)

	3		
2	4	2	4
	3		

_____

b) Wie groß ist die Wahr-
scheinlichkeit, mit Würfel
(2) eine gerade Zahl zu
würfeln?

(2)

	4		
2	3	4	5
	4		

_____

c) Wie groß ist die Wahr-
scheinlichkeit, mit Würfel
(3) keine Sechs zu
würfeln?

(3)

	4		
1	5	6	4
	5		

_____

d) Mit einem der abgebildeten Würfel (1), (2)
oder (3) wurde 900-mal gewürfelt. Dabei
lag 627-mal eine Primzahl oben.
Welcher Würfel ist das vermutlich gewesen?
Begründe.

Wahrscheinlichkeit für Primzahl:
Würfel (1): _____

Würfel (2): _____

Würfel (3): _____

Antwort: _____

_____

2 Bei einem zylinderförmi-
gen „Würfel" stehen auf
den Grundflächen die
Augenzahlen 1 und 2
sowie auf der Mantel-
fläche die Augenzahl 3.

Bei einer langen Versuchsreihe von 2 000 Würfen wurde die Augenzahl 3 insgesamt
1280-mal gewürfelt. Gib Näherungswerte für
die Wahrscheinlichkeiten der Augenzahlen an.
Begründe.

P(1) = _____ P(2) = _____ P(3) = _____

Begründung: _____

_____

_____

_____

---

22 Würfel (von S. 13)

(1)

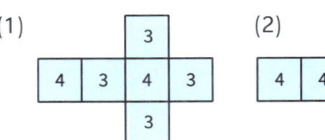

		3	
4	3	4	3
		3	

(2)

		6	
4	4	3	4
		6	

Oben siehst du die Netze zweier Würfel. Der Würfel (1)
hat nur die Zahlen 3 und 4, der Würfel (2) die Zahlen
3, 4 und 6.
a) Gib die Wahrscheinlichkeit an, mit Würfel (1) eine
   Vier zu würfeln.
b) Gib die Wahrscheinlichkeit an, mit Würfel (2) eine
   Augenzahl größer als 3 zu würfeln.
c) Mit einem der beiden Würfel wurde 1000-mal gewürfelt und dabei 324-mal die Vier erzielt.
   Welcher Würfel ist das vermutlich gewesen? Begründe

Zu a)
Von den sechs Feldern des Würfelnetzes (**1**)
sind zwei mit der Zahl 4 beschriftet, also gilt

$P(4) = \frac{2}{6} = \frac{1}{3}$

Zu b)
Von den sechs Feldern des Würfelnetzes (**2**)
sind fünf mit einer Zahl beschriftet, die größer
als 3 ist, also gilt

$P(\text{größer als 3}) = \frac{5}{6}$

Zu c)
Die relative Häufigkeit (rH) eines bestimmten
Ereignisses in 1 000 Würfen ist ein guter
Schätzwert für die Wahrscheinlichkeit dieses
Ereignisses.

$rH(4) = \frac{324}{1000} = 0,324$

Für Würfel (1) gilt $P(4) = \frac{1}{3}$.

Für Würfel (2) gilt $P(4) = \frac{1}{2}$.

Da die relative Häufigkeit knapp unter $\frac{1}{3}$ liegt
$(0,324 < 0,\overline{3})$, ist mit großer Berechtigung
davon auszugehen, dass mit dem **Würfel (1)**
gewürfelt wurde. Sicher kann man aber nicht
sein.

Hinweis: Bei der häufigen Wiederholung von
Zufallsversuchen können – zwar ganz selten
– völlig unerwartete Ergebnisse auftreten, bei
denen die relative Häufigkeit von der Wahrscheinlichkeit erheblich abweicht.

http://nale.fi/caav

Abschlusstest

Im Abschlusstest zu den Basisaufgaben kannst du zeigen, wie viel du bereits im Vergleich zum Eingangstest dazugelernt hast. Die Aufgaben des Abschlusstests sind nicht thematisch sortiert.
Die Aufgaben auf den ersten beiden Seiten und alle weiteren Aufgaben mit dem Symbol 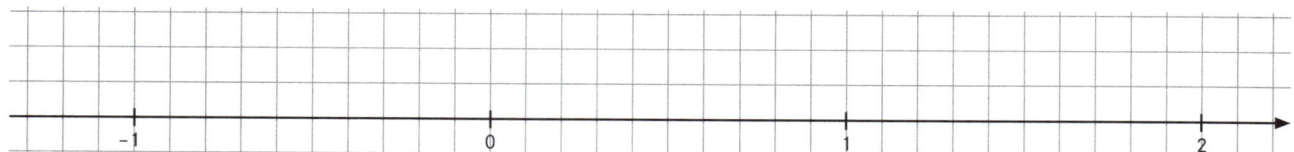 solltest du ohne Taschenrechner und Formelsammlung lösen.
Die Lösungen zu diesen Aufgaben findest du im Lösungsheft.

1 Rechnen und Ordnen

Rechne und trage deine Ergebnisse auf der Zahlengeraden ein.

a) Berechne die Differenz von 6,5 und 7,3.

b) Berechne die Differenz von $-1,2$ und $-0,8$.

c) Dividiere 4 durch -16.

d) Teile das Produkt aus -5 und -50 durch die dritte Potenz von 5.

e) Subtrahiere vom Produkt aus $-\frac{3}{5}$ und 35 das Vierfache von -5.

2 Quadrat und Rechteck

Der Flächeninhalt eines Quadrats beträgt 36 cm².

a) Bestimme den Umfang.   u = _____

b) Gib die Seitenlängen von zwei Rechtecken an, die auch einen Flächeninhalt von 36 cm² haben.

(1) a = _____   b = _____   (2) a = _____   b = _____

3 Prozente

a) Wie viel sind 40 % von 130 €?

_____

b) Von wie viel Kilogramm sind 4 % genau 12 kg?

_____

c) Wie viel Prozent sind 24 cm von 6 m?

_____

d) Berechne 3 % Zinsen von 760 € Spareinlage.

_____

4 Straßenfest

Die Bewohner des Parkwegs planen ein Straßenfest.
Die Tabelle zeigt die Kalkulation für den Grillstand.

	A	B	C	D
1		Verkaufspreis	Stückzahl	Einnahmen
2	**Essen**			
3	Bratwurst	2,00 €	60	120,00 €
4	Currywurst	2,50 €	45	112,50 €
5	Steak	3,50 €	50	175,00 €
6	Brötchen	0,50 €	200	100,00 €
7				
8	**Trinken**			
9	Softdrinks	2,00 €	250	500,00 €
10	Wasser	1,00 €	150	150,00 €
11				
12		Gesamteinnahmen		1.157,50 €

a) Insgesamt sollen _____ Würste verkauft werden.

b) Der Preis für ein Steak steht in Zelle _____ .

Es soll _____ € kosten.

c) Die voraussichtlichen Einnahmen aus dem Bratwurst-verkauf werden in der Zelle _____ mit der

Formel _____ berechnet.

d) Gib zwei verschiedene Formeln an, um die Gesamteinnahmen in Zelle D12 zu berechnen.

D12: _____   oder   _____

5 Gleichungssysteme

a) Löse das Gleichungssystem.

I: $5x - 3y = 53$
II: $4x + 3y = 37$

x = _____   y = _____

b) Das Dreifache einer Zahl ist um 1 kleiner
   als eine zweite Zahl. Die Summe aus dem
   Doppelten der ersten Zahl und der zweiten
   Zahl ergibt 36. Berechne die beiden Zahlen
   mit einem Gleichungssystem.

1. Zahl: _____   2. Zahl: _____

6 Lineare Funktionen

In einem Koordinatensystem sind die Graphen der Funktionen $f(x) = -0{,}2x - 3$ und $g(x) = -0{,}2x + 3$
dargestellt. Beschreibe Lage und Verlauf der beiden Graphen, ohne zu zeichnen.

_____

_____

_____

7 Winkel

Die Geraden g und h sowie j und k sind jeweils parallel.
Welche der folgenden Aussagen sind wahr (w), welche sind falsch (f)? Begründe.

Aussage	w/f	Begründung
$\gamma = 70°$		
$\delta = 70°$		
$\beta = \alpha$		
$\varepsilon = \beta$		

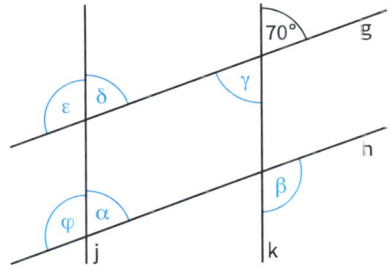

8 Rechengeschichten

a) Welche der folgenden Sachtexte passen zu der Gleichung $x + 0{,}5x = 30$? Kreuze jeweils an!

b) Löse die Rechengeschichten.

1	Eine Lostrommel enthält 30 Lose. Es gibt doppelt so viele Gewinne wie Nieten.	☐ ja	☐ nein
2	Robert nimmt sich vor, 30 Tage lang täglich 1 Euro zu sparen. Die Hälfte der Zeit schafft er leider nur 50 Cent zu sparen.	☐ ja	☐ nein
3	Für eine Feier werden 30 Liter Fruchtbowle bestellt. Zu einer 1-Liter-Flasche Mineralwasser wird jeweils 0,5 Liter frischer Fruchtsaft hinzugefügt.	☐ ja	☐ nein
4	Max ist nur halb so alt wie sein Bruder. Zusammen sind sie 30 Jahre alt.	☐ ja	☐ nein

9 Kinobesucher

In der ersten Woche nach dem Filmstart wurden in einem Kino folgende Besucherzahlen notiert:

| Do: 625 | Fr: 745 | Sa: 820 | So: 655 | Mo: 423 | Di: 388 | Mi: 495 |

a) Berechne das arithmetische Mittel der Besucherzahlen pro Tag. _____

b) Nachdem der Film zwei Wochen gelaufen ist, steht in der Zeitung: „In den ersten beiden Kino-wochen haben durchschnittlich 450 Besucher pro Tag den Film gesehen." Wie viele Personen

   haben den Film in der zweiten Kinowoche gesehen? _____

10 Lostrommel

In einer Lostrommel sind 300 Lose, davon 20 Hauptgewinne.

a) Gib die Wahrscheinlichkeit an, dass das erste gezogene Los ein Hauptgewinn ist.

_____

b) Unter den ersten 30 gezogenen Losen waren zwei Hauptgewinne. Lukas zieht das 31. Los. Vergleiche die Wahrscheinlichkeit für einen Hauptgewinn mit der ersten Ziehung. Ist sie jetzt

   ☐ kleiner, ☐ größer, ☐ genauso groß?

11 Gleichungen und Graphen

Ordne den Funktionsgleichungen die zuge-hörigen Graphen (g_1, g_2, ...) zu.

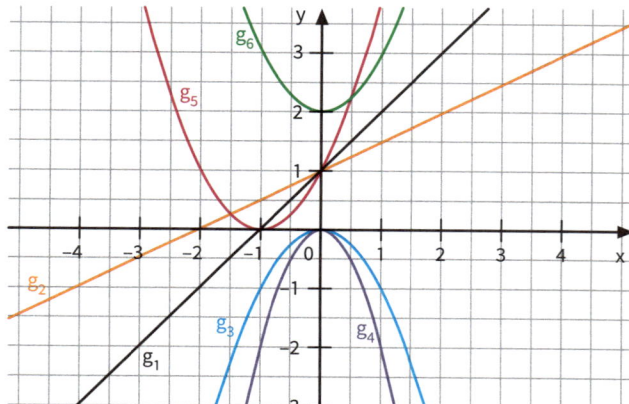

	$y = x + 1$
	$y = -x^2$
	$y = x^2 + 2x + 1$
	$y = x^2 + 2$

	$y = x^2 - 2$
	$y = 0,5x + 1$
	$y = -2x + 1$
	$y = -2x^2$

12 Exponentielle Abnahme

Frau Metin nimmt ein Vitaminpräparat ein. Durch die Einnahme von zwei Tabletten befinden sich 300 mg des Vitamins im Blut. In jeder Stunde werden 18 % davon ausgeschieden.
Berechne, wie viel mg des Vitamins nach zwei (vier, sechs) Stunden im Blut sind.

13 Fahrstuhl

Für ein Büro in der ersten Etage wird eine Palette mit Kopierpapier angeliefert. Die Palette muss mit dem Fahrstuhl transportiert werden. Wie schwer ist das Kopierpapier?

Hinweis:

Maße eines DIN-A4-Blattes (in cm): 21,0 x 29,7

14 Parabeln in verschiedenen Darstellungen

Eine Parabel hat den Scheitelpunkt
S($-1,5 \mid 3,5$). Sie ist nach unten geöffnet und gegenüber der Normalparabel um 0,5 gestaucht.

Gib die Scheitelpunktform der Parabel an und wandle diese in die allgemeine Form um.

f(x) = _____ (Scheitelpunktform)

f(x) = _____ (allgemeine Form)

15 Wasserfass

a) Berechne das Volumen des Wasserfasses. Runde auf Liter.

V = _____

b) Berechne den Oberflächeninhalt des Fasses. Runde auf Zehntel m².

O = _____

16 Größen bestimmen

Kreuze an, welche Maßangabe stimmen könnte.

Ladevolumen eines Lasters	*Länge eines Springseils*	*Fläche eines Handballfeldes*

  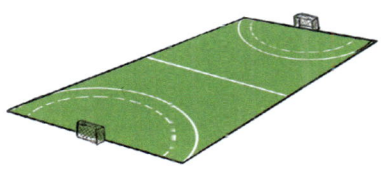

☐ 5 m³	☐ 500 000 dm³	☐ 250 000 mm	☐ 25 dm	☐ 80 000 cm²	☐ 8 000 dm²
☐ 50 000 *l*	☐ 500 cm³	☐ 2 500 cm	☐ 0,025 km	☐ 800 m²	☐ 0,8 km²

17 Dreieck im Koordinatensystem

a) Zeichne das Dreieck A (−1|−1), B (3|−1) und C (3|2) in das gegebene Koordinatensystem.

b) Berechne die Länge der Seite $\overline{AC}$ und den Flächeninhalt A des Dreiecks.

$\overline{AC}$ = _____

A = _____

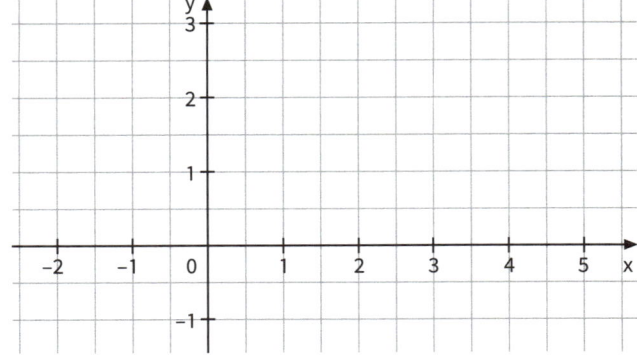

18 Abschlussfahrt

Für die Abschlussfahrt einer Jahrgangsstufe 10 stehen Venedig, Paris, Prag oder London als Ziele zur Auswahl. Eine Abstimmung unter den 80 Schülerinnen und Schülern der Jahrgangsstufe ergab: Jeder Vierte ist für Venedig, 20 % sind für Paris. Nach London wollen dreimal so viele wie nach Prag.

a) Wie viele Schülerinnen und Schüler sind für die einzelnen Ziele?

Venedig: _____   Paris: _____

London: _____   Prag: _____

b) Gib die relativen Häufigkeiten für die einzelnen Ziele in Prozent an.

Venedig: _____ %   Paris: _____ %

London: _____ %   Prag: _____ %

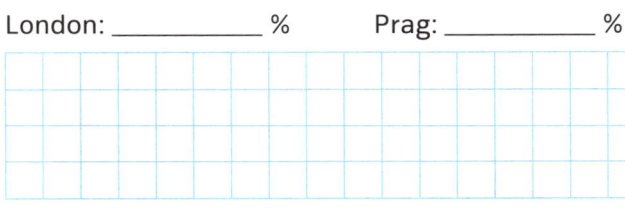

c) Stelle die relativen Häufigkeiten in einem Kreis- und einem Streifendiagramm dar.

Streifendiagramm:

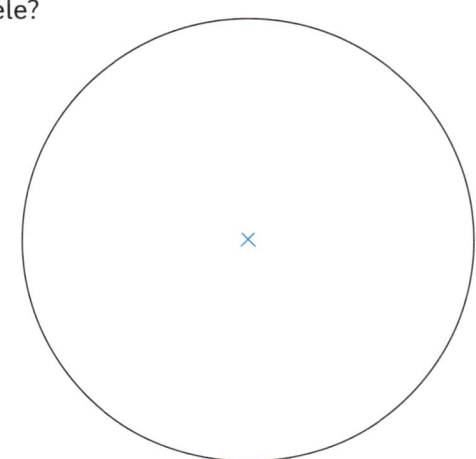

19 Kleintiergehege

Aus sechs Zaunelementen mit jeweils 60 cm Länge baut Jan im Garten ein Gehege für seine Meerschweinchen. Die Grundfläche hat die Form eines regelmäßigen Sechsecks (s. Abbildung).

Berechne, wie groß die eingezäunte Fläche ist.

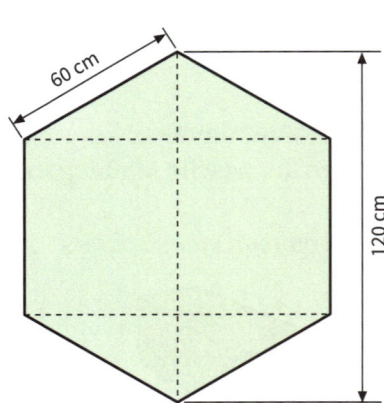

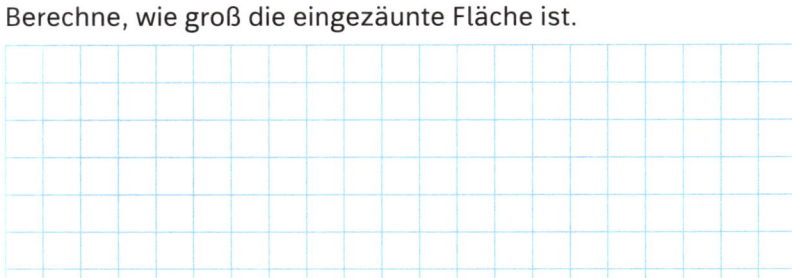

20 Würfeln mit einem Quader

Die Grundflächen des abgebildeten Holzquaders sind Quadrate. Auf den Flächen des Quaders stehen wie bei einem normalen Würfel die Zahlen 1 bis 6. Mit einer sehr großen Anzahl von Versuchen wurde ermittelt, dass die Wahrscheinlichkeit, die Augenzahl 6 zu würfeln, ca. 8 % beträgt.

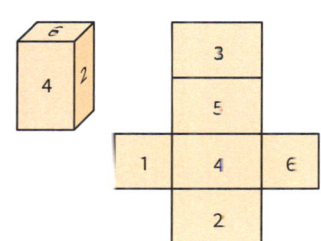

a) Schau dir das Netz des Quaders genau an und bestimme für die übrigen Augenzahlen 1 bis 5 Näherungswerte für die Wahrscheinlichkeiten.

Augenzahl	1	2	3	4	5	6
Näherungswert für Wahrscheinlichkeit						8 %

Begründe, warum man nur Näherungswerte angeben kann.

_____

_____

_____

b) Der Quader wird in einer Versuchsreihe 4000-mal gewürfelt. Wie oft wird dann ungefähr die Augenzahl 6 auftreten? Begründe.

21 Funktionsbeschreibung

Beschreibe so genau wie möglich, wie bei den jeweiligen Funktionen der x-Wert und der y-Wert zusammenhängen. Gib auch jeweils an, um welche Art von Funktion es sich handelt.

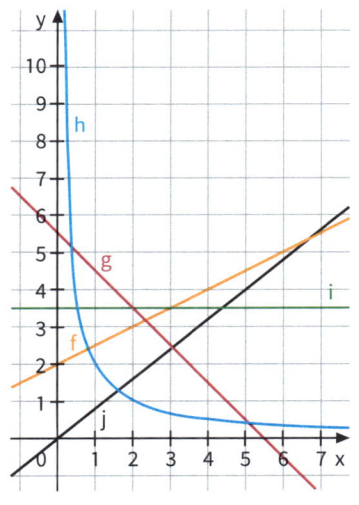

Graph f	
Graph g	
Graph h	
Graph i	
Graph j	

22 Baumhöhe

Die Baumspitze wird über einen 3 m langen Stab angepeilt. Bestimme die Höhe des Baumes.

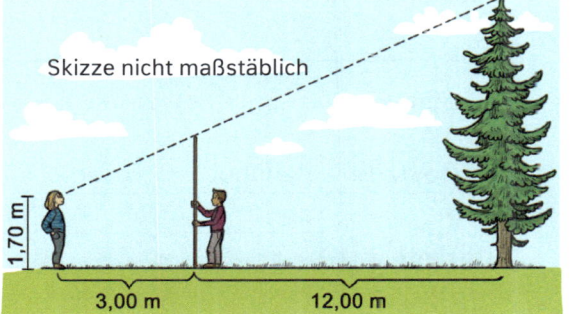

Skizze nicht maßstäblich

1,70 m   3,00 m   12,00 m

Teil B Komplexe Aufgaben

Eingangstest

Bearbeite den Eingangstest zu den komplexen Aufgaben, um deinen Kenntnisstand besser einschätzen zu können. Die Aufgaben des Eingangstests zu den komplexen Aufgaben sind nicht thematisch sortiert. Ausführliche Lösungen zu jeder Aufgabe findest du hier im Arbeitsbuch (Kurzlösungen im Lösungsheft). Die Seite steht jeweils in Klammern hinter dem Namen der Aufgabe. Dort sind auch weitere Übungsaufgaben zu dem jeweiligen Thema.

1 **Preisänderungen** (**Lösung Seite 54**)

a) Eine Bluse kostet 74,90 €. Der Preis wird um 35 % gesenkt.

Berechne den neuen Preis. _____

b) Der Preis für einen Anzug wurde um 40 % auf 179,94 € reduziert.

Wie teuer war er vorher? _____

c) Der Preis für ein Rennrad wird um 50 € erhöht und beträgt jetzt 499 €.

Um wie viel Prozent wurde der Preis erhöht? _____

2 **Werkstück** (**Lösung Seite 55**)

Das abgebildete Werkstück ist ein Quader, aus dem oben eine Halbkugel mit dem Radius 5 cm gefräst wurde (Maße in cm).
Das Werkstück besteht aus Stahl mit der Dichte $7,9 \frac{g}{cm^3}$.

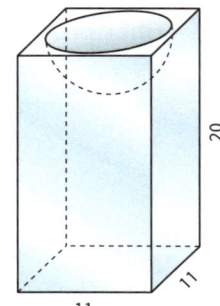

a) Berechne die Masse m des Werkstücks. m = _____

b) Berechne den Oberflächeninhalt.   O = _____

3 **Straßenbahnfahrplan** (**Lösung Seite 56**)

Der grafische Fahrplan gibt Auskunft über die Fahrt einer Straßenbahn vom Bahnhof (Bhf.) bis zum Tierpark mit den Zwischenhalten Rosentor, Nordheide und Stadion.

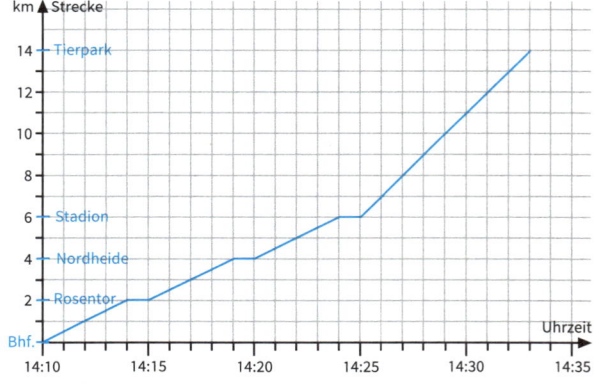

a) Gib die Entfernung zwischen den Haltestellen Bahnhof und Tierpark an.

_____

b) Bestimme mithilfe der Grafik die Durchschnittsgeschwindigkeiten zwischen den Haltestellen.

_____

c) Vervollständige mithilfe der Grafik den Fahrplan mit Ankunfts- und Abfahrtzeiten.

Haltestelle	Bahnhof	Rosentor		Nordheide		Stadion		Tierpark
	ab	an	ab	an	ab	an	ab	an
Uhrzeit	_____	_____	_____	_____	_____	_____	_____	_____

4 **Fahrradurlaub** (Lösung Seite 57)

Die nebenstehende Grafik zeigt, wie sich der Verbrauch eines Autos ändert, wenn man einen Dach- oder Heckträger (mit Fahrrädern) montiert.

a) Lennard behauptet, dass bei 80 $\frac{km}{h}$ der Verbrauch eines Autos mit zwei Fahrrädern auf dem Dachträger ungefähr doppelt so hoch ist wie bei einem Auto ohne Aufbau. Nimm Stellung zu dieser Aussage.

_____

_____

b) Herr Tropper fährt immer mit einem Dachträger. Diesmal hat er aber darauf noch zwei Fahrräder montiert. Um wie viel Prozent steigt dadurch der Verbrauch bei 120 $\frac{km}{h}$?

_____

_____

c) Herr und Frau Tropper überlegen, ob sie auf dem Dachträger des Autos ihre beiden Fahrräder in den Urlaub nach Schweden mitnehmen. Herr Tropper fährt im Schnitt 100 $\frac{km}{h}$. Erstelle einen Graphen, der den Gesamtverbrauch für beide Varianten (mit und ohne Fahrräder) in Abhängigkeit von der zurückgelegten Strecke beschreibt. Benutze dafür das rechts abgebildete Koordinatensystem.

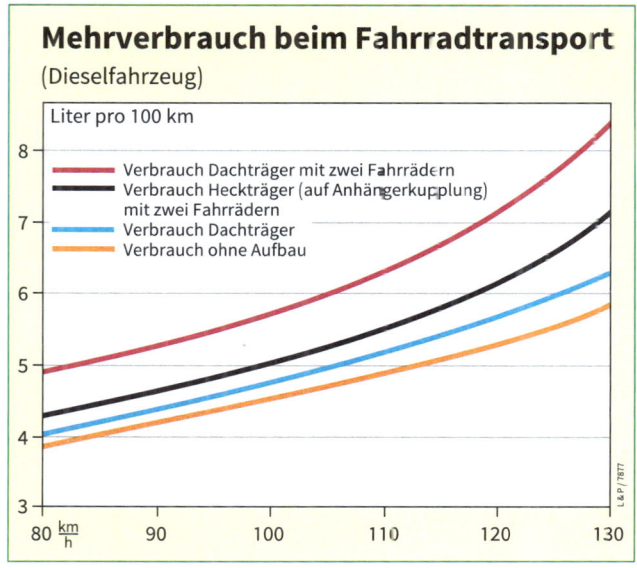

Mehrverbrauch beim Fahrradtransport (Dieselfahrzeug)
Liter pro 100 km
— Verbrauch Dachträger mit zwei Fahrrädern
— Verbrauch Heckträger (auf Anhängerkupplung) mit zwei Fahrrädern
— Verbrauch Dachträger
— Verbrauch ohne Aufbau

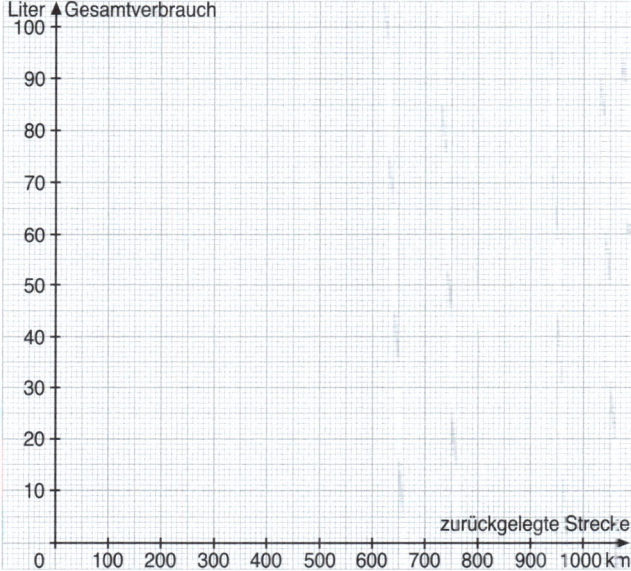

5 **Herzogstandbahn** (Lösung Seite 58)

Der Kartenausschnitt zeigt ein Wandergebiet in der Nähe von München. Anhand der Höhenlinien kann man erkennen, wie steil das Gelände ist. Eine Höhenlinie verbindet jeweils Punkte der Erdoberfläche, die auf gleicher Höhe über dem Meeresspiegel (ü. M.) liegen.
Wer sich den anstrengenden Aufstieg auf den Fahrenberg sparen will, benutzt den Sessellift. Die Herzogstandbahn bringt in nur 4 Minuten ihre Gäste von der Talstation am Walchensee auf den Fahrenberg.
Wie lang ist die Strecke, die eine Kabine bei ihrer Fahrt auf den Berg zurücklegt?

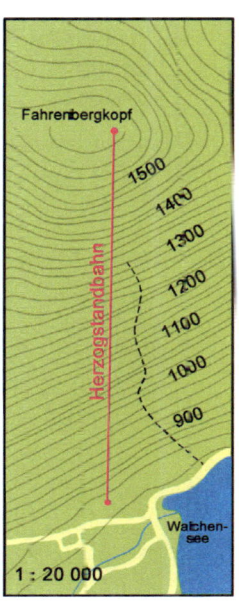

6 Konservendosen (**Lösung Seite 59**)

Sechs Konservendosen werden von einem Plastikband umfasst. Jede Dose hat einen Radius von 4 cm.

a) Berechne die Länge des Plastikbandes.

Länge: _____

b) Reicht für Dosen mit doppeltem Radius ein doppelt so langes Plastikband? Begründe deine Antwort.

_____

_____

7 Gläser (**Lösung Seite 60**)

Ein Likörglas und ein Rotweinglas werden mit Wasser gefüllt.

a) Wie viele vollständig gefüllte Likörgläser werden benötigt, um das Rotweinglas bis zum Rand zu füllen?

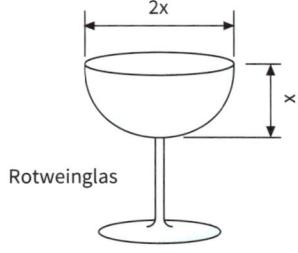

Likörglas   Rotweinglas

b) Welcher der abgebildeten Graphen zeigt am besten, wie sich die *Höhe h* des Flüssigkeitsspiegels beim gleichmäßigen Befüllen des **Rotweinglases** in Abhängigkeit von der *Zeit t* ändert? Kreuze an.

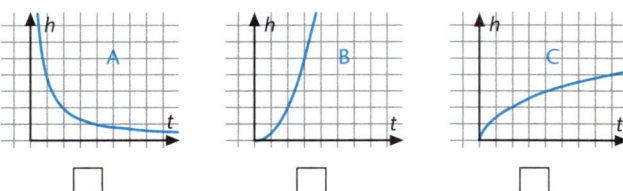

☐   ☐   ☐

8 Agenturmeldung (**Lösung Seite 61**)

Vor allem in Thüringen und Sachsen hängt oder liegt die *weiße Bluse* bei fast jeder neunten Frau (87,4 Prozent) im Schrank, ergab jetzt eine Umfrage.

Die nebenstehende Pressemeldung ist fehlerhaft. Begründe und korrigiere den Text.

_____

_____

_____

_____

9 **Kugelstoßen** (Lösung Seite 62)

Hier siehst du den ersten Teil der Flugbahn einer gestoßenen Kugel (Maße in m).

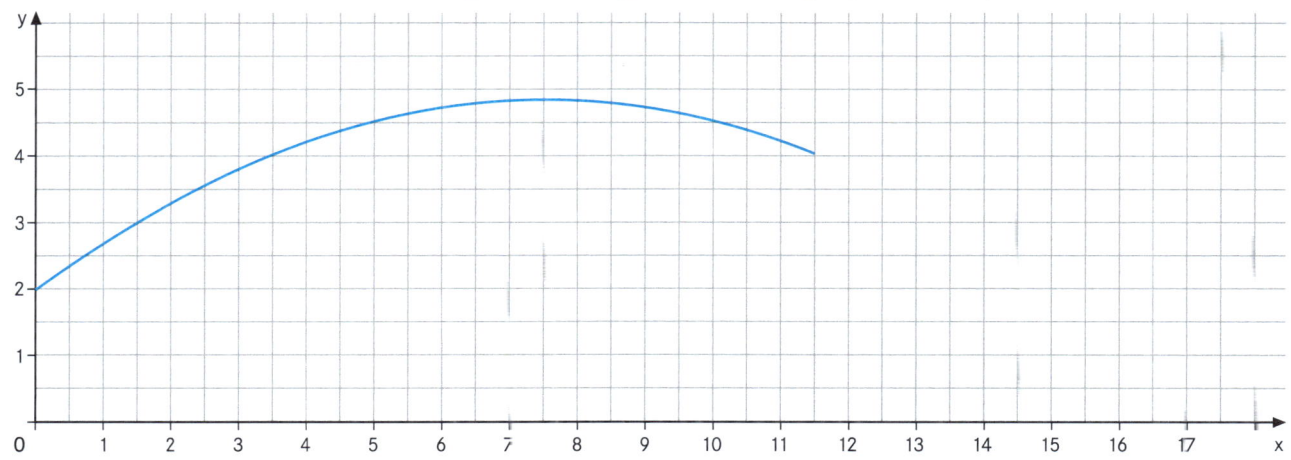

Die Flugbahn kann näherungsweise mit der Funktionsgleichung $f(x) = -0,05 x^2 + 0,75 x + 2$ beschrieben werden.

a) Lies am Graphen ab, aus welcher Höhe die Kugel abgestoßen wurde.

_____

b) Berechne, welche maximale Höhe die Kugel erreicht. Kontrolliere dein Ergebnis am Graphen.

_____

c) Berechne die Kugelstoßweite und vervollständige die Flugbahn.

_____

10 **Haus mit Satteldach** (Lösung Seite 63)

Der Zeichnung kannst du die Außenmaße eines Einfamilienhauses entnehmen.

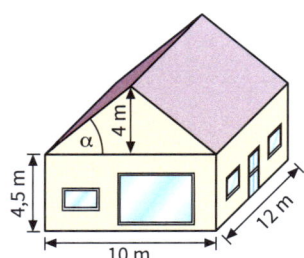

a) Berechne das Volumen des Hauses (umbauter Raum).

_____

b) Wie groß ist die gesamte Dachfläche?

_____

c) Berechne den Neigungswinkel α des Dachs.

_____

11 **Nebenjobs** (**Lösung Seite 64**)

Bei einer Umfrage unter 580 Zehntklässlern geben 30 % an, neben der Schule zu jobben. Insgesamt nehmen 348 Mädchen an der Umfrage teil. Von den befragten Mädchen haben 25 % einen Nebenjob.

a) Berechne den prozentualen Anteil der Mädchen und Jungen an den befragten Zehntklässlern.

b) Wie viele Mädchen haben keinen Nebenjob?

c) Wie viel Prozent der Jungen haben keinen Nebenjob?

12 **Pkw-Antriebe und Energiekosten** (**Lösung Seite 65**)

Fahrzeughersteller bieten ihre Modelle mit alternativen Antrieben an.

a) Berechne, wie weit man mit den verschiedenen Antrieben für 100 € kommen könnte. Stelle die Ergebnisse in einem geeigneten Diagramm dar.

Modell	Antrieb	Energiekosten pro 100 km
Eco B	Benzin	14,28 €
Eco D	Diesel	10,74 €
Eco E	Elektro	5,95 €
Eco A	Autogas	7,10 €

b) Für den Antrieb mit einem Benzinmotor wurde ein Preis von 2,04 € pro Liter Super angenommen. Kann das Fahrzeug mit einer Tankfüllung (50 *l*) die Strecke Hamburg – München (775 km) zurücklegen? Begründe rechnerisch.

c) Im Preis von einem Liter Super (2,04 €) ist eine Energiesteuer von 65,45 ct enthalten. Berechne den Anteil in Prozent.

13 Seitenlängen beim Quadrat (Lösung Seite 66)

Welche Aussagen sind falsch? Begründe, warum sie falsch sind.

(1) Verdoppelt man die Seitenlänge eines Quadrats, so vervierfacht sich der Umfang.
(2) Verdoppelt man die Seitenlänge eines Quadrats, so vervierfacht sich der Flächeninhalt.
(3) Verdreifacht man die Seitenlänge eines Quadrats, so verdreifacht sich der Umfang.
(4) Verdreifacht man die Seitenlänge eines Quadrats, so verdreifacht sich der Flächeninhalt.

_____

_____

_____

14 Tonnenschwere Goldmünze (Lösung Seite 67)

Zwei Zeitungen berichteten im Oktober 2011 über die größte Goldmünze der Welt.

(1) „Eine Tonne schwer und 80 cm Durchmesser, reines Gold im Wert von 55 Millionen US-Dollar"
(2) „... sie ist 80 cm hoch, 12 cm dick, 1 Tonne schwer und zu 99,99 Prozent aus Feingold. Ihr Materialwert liegt bei 34 000 000 €."

a) Bestimme aus den Angaben zum Materialwert in den Meldungen (1) und (2) den Wechselkurs zwischen Euro und Dollar für Oktober 2011.

_____

_____

b) Stimmt die angegebene Dicke in (2) mit den in (1) genannten Maßen überein? Rechne bei Gold mit einer Dichte von $19{,}3 \frac{g}{cm^3}$.

_____

c) Löse die Formel für das Volumen eines Zylinders nach r auf. Berechne damit den Radius r einer solchen Goldmünze, die dieselbe Dicke hat, aber nur halb so schwer ist.

15 Kapitalanlage (Lösung Seite 68)

Zur Konfirmation erhält Henrik 1 000 € von seinen Großeltern. Er legt das Geld zu 1,5 % an und will den Betrag so lange unangetastet lassen, bis sich sein Anfangskapital verdoppelt hat.

a) Wie viele Jahre muss Henrik ungefähr warten?

b) In welcher Zeit würde sich bei gleicher Verzinsung ein Kapital von 10 000 € verdoppeln?

16 Zwei Würfel (Lösung Seite 69)

Es wird gleichzeitig mit einem gelben und einem roten Würfel gewürfelt.
Das Ereignis (3;5) bedeutet: Mit dem gelben Würfel wurde eine 3 und mit dem roten Würfel eine 5 gewürfelt.

a) Wie viele Ergebnisse sind möglich?

_____

b) Wie groß ist die Wahrscheinlichkeit für das Ereignis (3;5)?

_____

c) Wie groß ist die Wahrscheinlichkeit, einen Pasch, d. h. zwei gleiche Zahlen, zu würfeln?

_____

17 Fußballduell (Lösung Seite 70)

Die abgebildete Grafik vergleicht, wie viel Euro in Deutschland und wie viel Euro in England durch internationale und nationale Medienerlöse eingenommen werden.

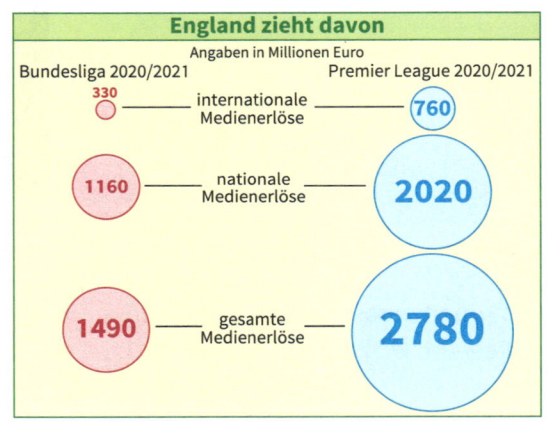

England zieht davon

Angaben in Millionen Euro

Bundesliga 2020/2021   Premier League 2020/2021

330 —— internationale Medienerlöse —— 760

1160 —— nationale Medienerlöse —— 2020

1490 —— gesamte Medienerlöse —— 2780

a) Berechne den Anteil der nationalen Erlöse in Deutschland an den gesamten Medienerlösen in Prozent.

_____

_____

b) Angenommen, der internationale Medienerlös wächst jedes Jahr in Deutschland um 10 %. Nach wie vielen Jahren ist er dann ungefähr so groß wie in England im Jahr 2020/2021?

_____

_____

c) Begründe, warum die Darstellung der beiden Kreise zum internationalen Medienerlös irreführend ist.

_____

_____

18 Zahlenrätsel (Lösung Seite 71)

(1) Subtrahierst du vom Dreifachen einer Zahl 8, dann erhältst du 5 mehr als die Zahl.	(2) Verdreifachst du die Differenz aus einer Zahl und 8, so erhältst du 5 weniger als die Zahl.	(3) Subtrahierst du 8 von einer Zahl, so erhältst du das Dreifache der Summe aus 5 und der Zahl.

a) Welches Zahlenrätsel gehört zu der Gleichung $x - 8 = 3(5 + x)$?   Nr.: _____

b) Löse die Gleichung $x - 8 = 3(5 + x)$.

   $x =$ _____

c) Schreibe auch zu den anderen Zahlenrätseln eine passende Gleichung auf.

   Nr. (   ): _____

   Nr. (   ): _____

19 Smartphone-Nutzung (Lösung Seite 72)

Die Schülerinnen und Schüler aller 10. Klassen einer Schule wurden befragt, wie oft sie ihr Smartphone am Tag vor der Befragung zum Telefonieren, Nachrichten verschicken oder Surfen ungefähr benutzt haben. Das Ergebnis wurde in einem Boxplot dargestellt.

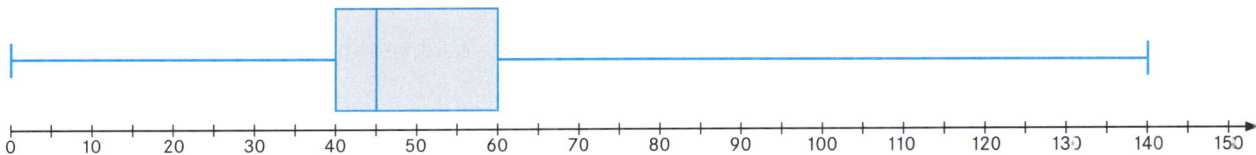

a) Entnimm dem Boxplot folgende Werte:

   Spannweite: _____   Median (Zentralwert): _____   unteres Quartil: _____   oberes Quartil: _____

b) Felix behauptet: „Die meisten Schülerinnen und Schüler haben mehr als 60-mal mit dem Smartphone telefoniert, Nachrichten verschickt oder gesurft." Nimm Stellung.

   _____

   _____

20 Fläche NRW (Lösung Seite 73)

Der Kartenausschnitt zeigt das Bundesland Nordrhein-Westfalen. Bestimme näherungsweise die Größe der Fläche von Nordrhein-Westfalen. Benutze den Maßstab der Karte. Begründe dein Vorgehen.

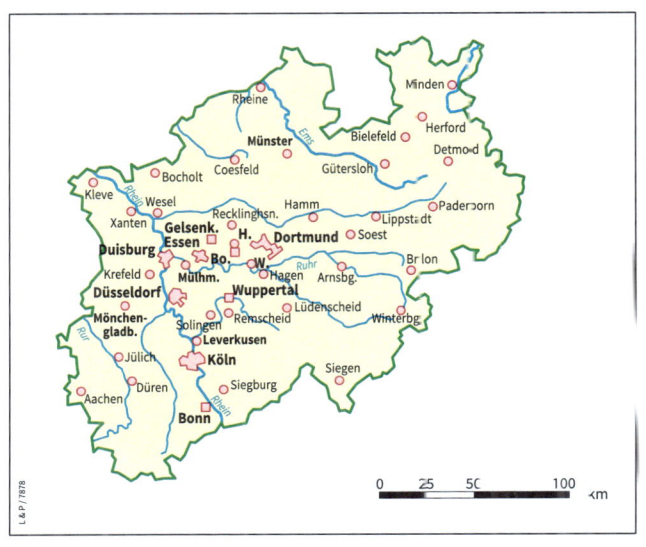

51

21 Quadratische Gleichungen (Lösung Seite 74)

In der Abbildung siehst du, wie zwei Schüler die Gleichung $x^2 - 8x + 20 = 0$ gelöst haben.

a) Prüfe die Lösungswege. Welcher Weg stimmt, welcher Fehler wurde gemacht?

b) Löse folgende Gleichungen. Nicht immer brauchst du eine Lösungsformel.

Marcel

$x^2 - 8x + 20 = 0$

$x_{1/2} = 4 \pm \sqrt{16 + 20}$

$x_{1/2} = 4 \pm \sqrt{36}$

$x_1 = 4 + 6 = 10$

$x_2 = 4 - 6 = -2$

Paul

$x^2 - 8x + 20 = 0$

$x_{1/2} = 4 \pm \sqrt{16 - 20}$

$x_{1/2} = 4 \pm \sqrt{-4}$

keine Lösung

(1) $(x + 7) \cdot (x - 7) = 0$ (2) $x^2 + 8x + 16 = 0$ (3) $x^2 - 5x = 0$ (4) $4x^2 + 96x - 100 = 0$

22 Glücksrad (Lösung Seite 75)

Auf einem Schulfest kann man am Stand der Klasse 10a für einen Einsatz von 1 € zweimal das abgebildete Glücksrad drehen. Bleibt es jedes Mal auf der gleichen Farbe stehen, gewinnt man, und zwar bei „grün" einen Trostpreis im Wert von 0,30 € und bei „orange" einen Sachpreis von 8 €.

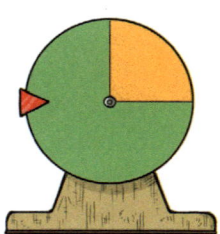

a) Zeichne ein Baumdiagramm und bestimme die Wahrscheinlichkeiten:

(1) P(g;g): _____

(2) P(o;o): _____

b) Wie groß ist die Wahrscheinlichkeit, bei diesem Spiel zu verlieren?

_____

c) Es werden 400 Spiele durchgeführt. Mit welchem Gewinn kann die Klasse rechnen?

_____

23 Angebote (Lösung Seite 76)

Frau Kurt kann für zwei Jahre einen Lottogewinn von 1 000 000,– € sparen. Drei Banken (A, B, C) bieten ihr unterschiedliche Zinssätze an:

A 1. Jahr 1,2 %; 2. Jahr 1,7 %   B 1. Jahr 0,9 %; 2. Jahr 2,0 %   C 1. Jahr 1,4 %; 2. Jahr 1,5 %

a) Welche Bank kannst du empfehlen? Begründe.

_____

_____

b) Würdest du die gleiche Bank auch für jeden anderen Sparbetrag empfehlen? Begründe.

_____

_____

24 Brückenkonstruktion (Lösung Seite 77)

Über den Fluss soll eine Brücke führen, die in A beginnt und in B endet. Vermesser haben am unteren Flussufer eine 400 m lange Strecke $\overline{AC}$ abgesteckt und von dort folgende Winkel vermessen:

$\sphericalangle$ BAC = 67,8° und $\sphericalangle$ ACB = 49,3°

Bestimme die Länge der Brücke durch eine maßstäbliche Zeichnung und durch Rechnung auf einem extra Blatt.

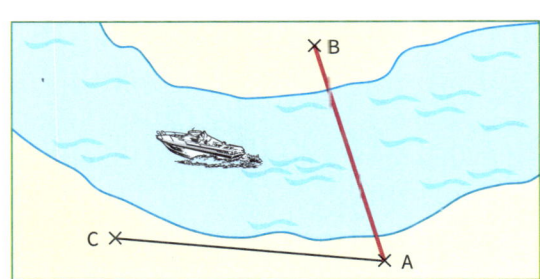

25 Verdienst (Lösung Seite 78)

Herr Berger arbeitet als Verkäufer. Er kann sich in seiner Firma entscheiden, wie sein Verdienst berechnet wird:

Modell 1: 2 500 € Grundgehalt plus 4 % Provision vom Umsatz;

Modell 2: kein Grundgehalt, aber dafür 10 % Provision vom Umsatz.

	A	B	C	D
	Umsatz	Provision (4%)	Verdienst Modell 1	Verdienst Modell 2
1				
2	- €	- €	2.500,00 €	- €
3	10.000,00 €	400,00 €	2.900,00 €	1.000,00 €
4	20.000,00 €	800,00 €	3.300,00 €	2.000,00 €
5	50.000,00 €	2.000,00 €	4.500,00 €	5.000,00 €
6	100.000,00 €	4.000,00 €	6.500,00 €	10.000,00 €

a) Lies aus der Tabelle ab, wie viel Herr Berger bei einem Umsatz von 20 000 € nach Modell 1 mehr verdienen würde als nach Modell 2. _____

b) Gib eine Formel für den Verdienst in Zelle D3 an. Formel: _____

c) Kreuze an, welche Formeln den Verdienst in Zelle C3 liefern.

☐ =B3+2500   ☐ =A3+B3   ☐ = A3*4/100   ☐ =A3*0,04+2500

d) Bei welchem Umsatz ist der Verdienst bei beiden Modellen gleich? _____

26 Riesentasse (Lösung Seite 79)

In Koblenz steht vor einem Café die rechts abgebildete Riesentasse.

a) Schätze folgende Größen: Tassenhöhe: _____

oberer/unterer Tassendurchmesser: _____ / _____

b) Jenny hat die folgenden drei Körper gezeichnet, um das Volumen der Riesentasse damit abzuschätzen. Welcher der drei Körper wird das beste Ergebnis liefern? Kreuze an und begründe deine Antwort.

☐    ☐ 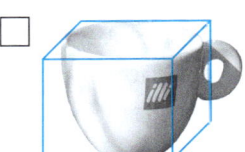   ☐

_____

_____

c) Wie teuer wäre ein Cappuccino in dieser Riesentasse, wenn 0,2 l Cappuccino in diesem Café 2,80 € kosten?

_____

Lösungen zum Eingangstest und Übungsaufgaben

Auf den folgenden Seiten findest du die ausführlichen Lösungen zu den komplexen Aufgaben des Eingangstests und passende Übungsaufgaben. Kontrolliere deine Ergebnisse und bearbeite auf jeden Fall die Aufgaben, bei denen du noch nicht sicher bist. Die Lösungen der Übungsaufgaben findest du im Lösungsheft.

http://nale.fi/wggz

1 Preisänderungen (von S. 44)

a) Eine Bluse kostet 74,90 €. Der Preis wird um 35 % gesenkt. Berechne den neuen Preis.
b) Der Preis für einen Anzug wurde um 40 % auf 179,94 € reduziert. Wie teuer war er vorher?
c) Der Preis für ein Rennrad wird um 50 € erhöht und beträgt jetzt 499 €. Um wie viel Prozent wurde der Preis erhöht?

Zu a)
35 % von 74,90 €: 74,90 € · 0,35 ≈ 26,22 €
74,90 € – 26,22 € = 48,68 €
oder
100 % – 35 % = 65 %   74,90 € · 0,65 ≈ 48,68 €

Der neue Preis der Bluse ist **48,68 €.**

Zu b)
$$60\% \,\hat{=}\, 179{,}94\,€ \qquad (100\% - 40\%)$$
$$1\% \,\hat{=}\, \frac{179{,}94\,€}{60}$$
$$100\% \,\hat{=}\, \frac{179{,}94\,€ \cdot 100}{60} = 299{,}90\,€$$

kürzer: x = 179,94 € : 0,6 = 299,90 €

Der Anzug kostete vorher **299,90 €.**

Zu c)
Gesucht ist der Wachstumsfaktor q.

Neuer Preis: 499 €   Alter Preis: 449 €

$$449\,€ \cdot q = 499\,€ \qquad |:449\,€$$
$$q = 499\,€ : 449\,€$$
$$q \approx 1{,}1114$$

Zu diesem Wachstumsfaktor q gehört der Prozentsatz (gerundet) p % ≈ 11,14 %
oder
Wie viel Prozent sind 50 € von 449 €?
$$p\% = \frac{50\,€}{449\,€} \approx 0{,}1114 = 11{,}14\%$$

Der Preis wurde um rund **11,14 %** erhöht.

---

1 Svenja und Silke sind begeisterte Kart-Fahrerinnen. Svenja legt 12 Runden zurück, das sind nur 80 % der Anzahl von Runden, die Silke in derselben Zeit geschafft hat. Wie viele Runden hat Silke geschafft?

2 Ein Reisebüro wirbt für eine 14-tägige Mittelmeer-Kreuzfahrt im September. Der Normalpreis pro Person in einer Außenkabine im B-Deck beträgt 1 990 €. Bei Buchung bis Ende März kostet die Kreuzfahrt in derselben Kategorie nur 1 293,50 €.
Wie viel Prozent gegenüber dem Normalpreis spart man bei Buchung bis Ende März?

3 Gegenüber dem Vorjahr ist ein Auto 8 % billiger geworden. Es kostet jetzt 22 264 €.
Wie teuer war das Auto im Vorjahr?

4 In einer Kleinstadt sind wöchentlich 840 Hausmülltonnen zu leeren. Jede dieser Hausmülltonnen ist erfahrungsgemäß mit durchschnittlich 18 kg Abfall gefüllt.
Durch ein Neubaugebiet hat sich Anfang 2020 die Zahl der Tonnen um 15 % erhöht, zugleich ist auch die durchschnittliche Abfallmenge pro Tonne um 5 % gewachsen.
Wie viel Abfall aus Hausmülltonnen mussten die Stadtreinigungswerke der Kleinstadt 2020 insgesamt abtransportieren?

5 Zum Schuljahresbeginn 2019/2020 nahm eine neue Schule ihren Betrieb mit wenigen Schülerinnen und Schülern auf. 2020/2021 waren es schon 50 % mehr, zum Schuljahresbeginn 2021/2022 noch einmal 40 % mehr. Insgesamt waren es dann 189.
Mit wie vielen Schülerinnen und Schülern nahm die Schule den Betrieb auf?

1 Dieser Turm aus Holz steht als Modell vor dem Eingang zu einer Ausstellung.

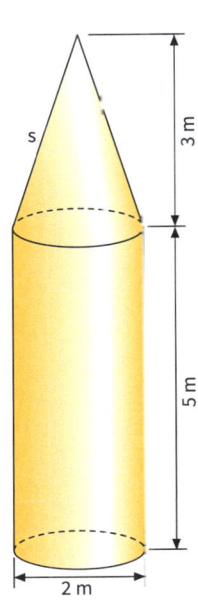

a) Ein Kubikmeter Holz wiegt 0,76 t. Wie schwer ist das Modell insgesamt? Runde auf eine Nachkommastelle.

b) Das Modell soll einen Schutzanstrich erhalten, damit es vor der Witterung geschützt ist. Pro Quadratmeter wird ein halber Liter Farbe gebraucht. Wie viel Liter Farbe werden insgesamt benötigt?
Hinweis: Berechne zunächst s.

2 In den abgebildeten Holzzylinder wird ein 5 cm tiefes Loch mit dem Radius 2 cm gebohrt. 1 cm³ Holz wiegt 0,76 g. Berechne die Masse des Werkstücks.

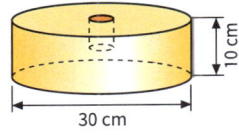

3 Die Skizze zeigt ein Werkstück aus Aluminium. Es besteht aus einer quadratischen Pyramide mit einer kegelförmigen Aushöhlung. Der Winkel zwischen den Seitenflächen und der Grundfläche beträgt 67°. Die Höhe des Kegels beträgt die Hälfte der Höhe der Pyramide.

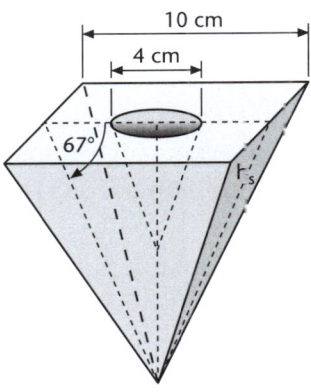

a) Berechne die Höhe der Pyramide.

b) Wie groß ist das Volumen des Werkstücks?

c) Ein Kubikzentimeter Aluminium wiegt 2,7 g. Berechne die Masse des Werkstücks in kg.

---

2 Werkstück (von S. 44)

Das abgebildete Werkstück ist ein Quader, aus dem oben eine Halbkugel mit dem Radius 5 cm gefräst wurde (Maße in cm). Das Werkstück besteht aus Stahl mit der Dichte 7,9 $\frac{g}{cm^3}$.

a) Berechne die Masse m des Werkstücks.

b) Berechne den Oberflächeninhalt.

http://nale.fi/kopw

Zu a)

Volumen Werkstück =
Volumen Quader – Volumen Halbkugel
Das Volumen des Quaders beträgt:
V_Q = 11 cm · 11 cm · 20 cm = 2420 cm³
Das Volumen der Kugel beträgt:
$V_K = \frac{4}{3} \cdot \pi \cdot (5\,cm)^3 = \frac{4}{3} \cdot \pi \cdot 125\,cm^3 \approx 523{,}6\,cm^3$
Das Volumen der Halbkugel beträgt dann
V_{HK} = 523,6 cm³ : 2 = 261,8 cm³
Das Volumen des Werkstücks beträgt dann
$V_Q - V_{HK}$ = 2420 cm³ – 261,8 cm³ = 2158,2 cm³

Da jeder Kubikzentimeter Stahl 7,9 g wiegt, ergibt sich die **Masse m** des Werkstücks aus:
m = 7,9 $\frac{g}{cm^3}$ · 2158,2 cm³ = 17049,78 g ≈ **17 kg**

Zu b)

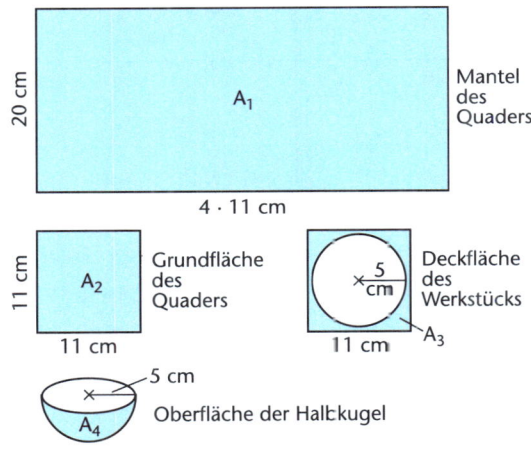

A_1 = 20 cm · 44 cm = 880 cm²
A_2 = (11 cm)² = 121 cm²
A_3 = 121 cm² – π · (5 cm)² ≈ 42,5 cm²

$A_4 = \frac{1}{2} \cdot 4 \cdot \pi \cdot r^2 = 2\pi \cdot (5\,cm)^2 \approx 157{,}1\,cm^2$

O = A_1 + A_2 + A_3 + A_4
O = 880 cm² + 121 cm² + 42,5 cm² + 157,1 cm²
O = 1200,6 cm²

Der **Oberflächeninhalt ist ca. 1201 cm²** groß.

http://nale.fi/axtv

3 Straßenbahnfahrplan (von S. 44)

Der grafische Fahrplan gibt Auskunft über die Fahrt einer Straßenbahn vom Bahnhof (Bhf.) bis zum Tierpark mit den Zwischenhalten Rosentor, Nordheide und Stadion.

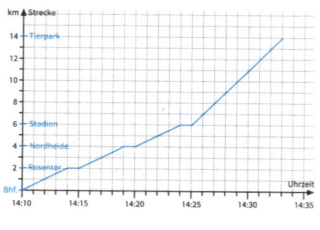

a) Gib die Entfernung zwischen den Haltestellen Bahnhof und Tierpark an.
b) Bestimme mithilfe der Grafik die Durchschnittsgeschwindigkeiten zwischen den Haltestellen.
c) Vervollständige mithilfe der Grafik den Fahrplan mit Ankunfts- und Abfahrtzeiten.

Zu a)

Die Entfernung zwischen den Haltestellen Bahnhof und Tierpark lässt sich aus dem Weg-Zeit-Diagramm ablesen. Sie **beträgt 14 km.**

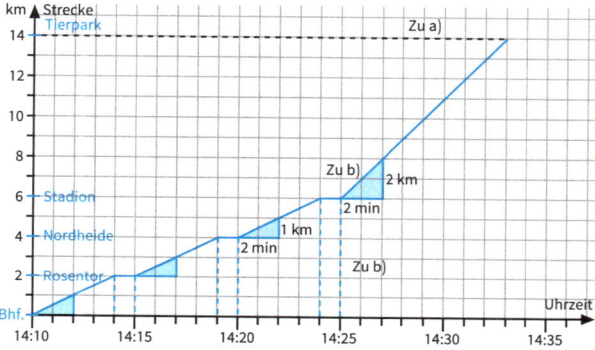

Zu b)

Je schneller die Straßenbahn fährt, desto steiler steigt der Graph an. Drei der vier Steigungsdreiecke sind kongruent, d. h., vom Bahnhof bis zum Stadion fährt die Straßenbahn zwischen den Haltestellen mit gleicher Durchschnittsgeschwindigkeit ($\frac{1\,km}{2\,min}$, **also 30 $\frac{km}{h}$**). Vom Stadion bis zum Tierpark fährt sie schneller ($\frac{2\,km}{2\,min}$, **also 60 $\frac{km}{h}$**).

Zu c)

Haltestelle		Uhrzeit
Bahnhof	ab	**14:10**
Rosentor	an	**14:14**
	ab	**14:15**
Nordheide	an	**14:19**
	ab	**14:20**
Stadion	an	**14:24**
	ab	**14:25**
Tierpark	an	**14:33**

---

1 Die Klasse 10a veranstaltet um 20:00 Uhr eine Party im Jugendheim. Ina und Paul machen sich mit dem Fahrrad auf den Weg.

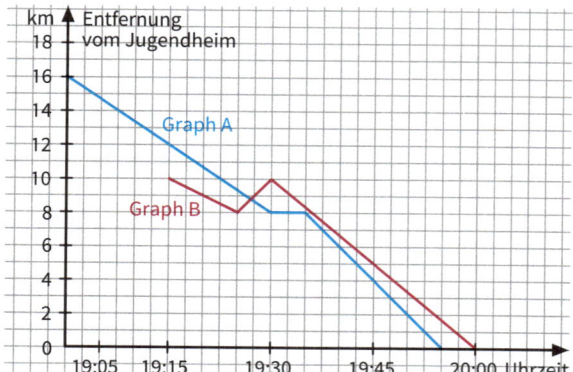

a) Ina startet 19:00 Uhr. Graph A beschreibt ihre Fahrt. Beurteile anhand dieser Darstellung, ob die Aussagen zutreffen können.

Nach einer Viertelstunde hat Ina bereits 5 km zurückgelegt.	☐ Ja	☐ Nein
Nach 30 Minuten legt Ina eine Rast ein.	☐ Ja	☐ Nein
Anfangs fährt Ina durchschnittlich 8 $\frac{km}{h}$.	☐ Ja	☐ Nein

b) 15 Minuten nach Ina beginnt Paul seine Fahrt. Diese ist in Graph B dargestellt. Beschreibe, wie sie verlaufen sein könnte.

c) Mit welcher konstanten Geschwindigkeit hätte Paul die gesamte Strecke fahren müssen, um 10 Minuten vor Ina anzukommen?

2 Eine 8 km lange Wanderung führt die Klasse 10b auf das Nebelhorn.

Die ersten Kilometer geht es nur leicht bergauf, und die Gruppe kommt gut voran. Dann fordert ein Klettersteig (K) die Kondition aller heraus. Gut, dass am Ende des Steigs eine Hütte (H) zur Rast einlädt. Von hier aus führt ein fast ebener Weg zum Gipfelkreuz (G).

Skizziere in einem Koordinatensystem einen zu der Beschreibung passenden Graphen für die Zuordnung *Zeit t → Weg s*.
Trage K, H und G am Graphen ein.

1 Die Grafik zeigt die Entwicklung der Aktie der Firma UV in den Monaten Januar bis Juni.

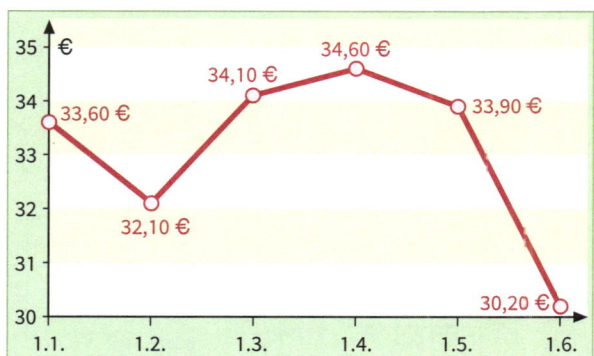

a) Um wie viel Prozent hat die Aktie der Firma UV vom 1.5. bis 1.6. verloren?

b) Im letzen Jahr hatte die Aktie der Firma durchschnittlich einen Wert von 33,65 €. Hat sie diesen Durchschnittswert auch in den dargestellten sechs Monaten erreicht?

c) Die Grafik vermittelt den Eindruck, als sei die Aktie der Firma UV vom 1.5. bis 1.6. so abgestürzt, dass sie fast nichts mehr wert ist. Wodurch entsteht dieser Eindruck?

d) Zeichne ein Säulendiagramm, das die Entwicklung des Aktienkurses vom 1.1. bis 1.6. realistisch darstellt.

2 Die Klasse 10a führte eine Befragung zur Computernutzung in zwei 7. Klassen durch.

	7a	davon befragt	7b	davon befragt
Mädchen	14	11	16	14
Jungen	16	13	16	12

a) Wie viel Prozent der Mädchen und Jungen aus der Klasse 7a haben an der Umfrage teilgenommen?

b) Stelle für die Klasse 7b in einem Kreisdiagramm die Anteile der Jungen und Mädchen in der Klasse und die jeweiligen Anteile der Mädchen und Jungen, die befragt wurden, dar.

c) Von den Befragten nutzten den Computer 45 % für Emails, 84 % zum Chatten, 72 % zum Spielen und 38 % für Internetrecherchen. Ist es sinnvoller, die Umfrageergebnisse in einem Kreisdiagramm oder in einem Säulendiagramm darzustellen? Begründe deine Antwort.

4 Fahrradurlaub (von S. 45)

Die Grafik (siehe S. 45) zeigt, wie sich der Verbrauch eines Autos ändert, wenn man einen Dach- oder Heckträger (mit Fahrrädern) montiert.

a) Lennard behauptet, dass bei 30 $\frac{km}{h}$ der Verbrauch eines Autos mit zwei Fahrrädern auf dem Dachträger ungefähr doppelt so hoch ist wie bei einem Auto ohne Aufbau. Nimm Stellung zu dieser Aussage.

b) Herr Tropper fährt immer mit einem Dachträger. Diesmal hat er aber darauf noch zwei Fahrräder montiert. Um wie viel Prozent steigt dadurch der Verbrauch bei 120 $\frac{km}{h}$?

c) Herr und Frau Tropper überlegen, ob sie auf dem Dachträger des Autos ihre beiden Fahrräder in den Urlaub nach Schweden mitnehmen. Herr Tropper fährt im Schnitt 100 $\frac{km}{h}$. Erstelle einen Graphen, der den Gesamtverbrauch für beide Varianten (mit und ohne Fahrräder) in Abhängigkeit von der zurückgelegten Strecke beschreibt. Benutze dafür das rechts abgebildete Koordinatensystem.

http://nale.fi/nmwr

Zu a)
Lennards **Aussage ist falsch,** da die y-Achse nicht bei 0 beginnt. Die Graphen beginnen auf der y-Achse bei 3,9 Liter bzw. 4,9 Liter pro 100 km, was nicht das Doppelte ist.

Zu b)
Bei 120 $\frac{km}{h}$ lesen wir ab:
Der Verbrauch mit leerem Dachgepäckträger liegt bei ca. 5,7 Liter pro 100 km, mit zwei Fahrrädern auf dem Dach bei ca. 7,2 Liter pro 100 km. Nun kann man den prozentualen Anstieg bestimmen:
7,2 Liter – 5,7 Liter = 1,5 Liter
p % = 1,5 : 5,7 ≈ 0,263
Also steigt der Verbrauch um **ungefähr 26 %.**

Zu c)

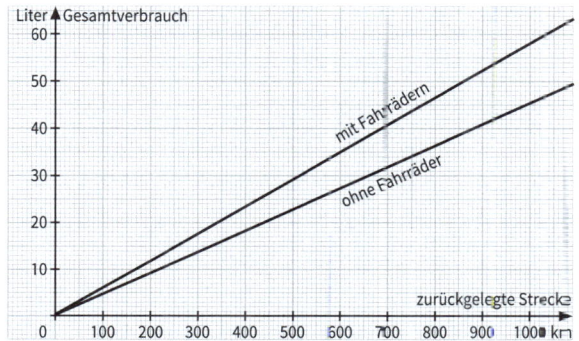

Bei 100 $\frac{km}{h}$ verbraucht das Auto auf 100 km ohne Fahrräder 4,5 *l* und mit Fahrrädern 5,8 *l*.
Auf 1000 km Fahrt verbraucht es 45 *l* bzw. 58 *l*.

5 Herzogstandbahn (von S. 45)

Der Kartenausschnitt (siehe S. 43) zeigt ein Wandergebiet in der Nähe von München. Anhand der Höhenlinien kann man erkennen, wie steil das Gelände ist. Eine Höhenlinie verbindet jeweils Punkte der Erdoberfläche, die auf gleicher Höhe über dem Meeresspiegel (ü. M.) liegen. Wer sich den anstrengenden Aufstieg auf den Fahrenberg sparen will, benutzt den Sessellift. Die Herzogstandbahn bringt in nur 4 Minuten ihre Gäste von der Talstation am Walchensee auf den Fahrenberg.
Wie lang ist die Strecke, die eine Kabine bei ihrer Fahrt auf den Berg zurücklegt?

Die Länge der gesuchten Strecke ermittelt man mithilfe des Satzes des Pythagoras.

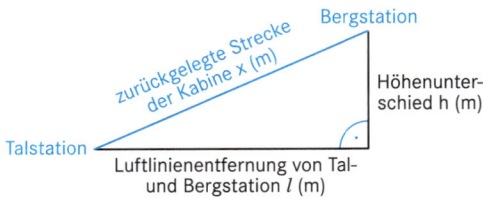

Zunächst bestimmen wir den Höhenunterschied zwischen Tal- und Bergstation.
An den Höhenlinien lesen wir ab:
Talstation 830 m ü. M.
Bergstation 1580 m ü. M.
Der Höhenunterschied h beträgt also 750 m.

Die Luftlinienentfernung (Entfernung über Grund) l zwischen Tal- und Bergstation bestimmt man in zwei Schritten:
(1) Entfernung der beiden Orte in der abgebildeten Karte messen
(2) Kartenmaßstab nutzen

Zu (1) Der Abstand zwischen Tal- und Bergstation in der Karte beträgt 5 cm.
Zu (2) Der Maßstab 1 : 20 000 bedeutet:
1 cm auf einer Karte entsprechen 20 000 cm in der Wirklichkeit. Man muss die gemessene Strecke also mit 20 000 multiplizieren:
5 cm · 20 000 = 100 000 cm.
Die Entfernung l zwischen den beiden Orten beträgt in der Realität also etwa 1000 m.
Jetzt lässt sich die gesuchte Strecke x mit dem Satz des Pythagoras ermitteln:
$x^2 = \quad h^2 \quad + \quad l^2$
$x^2 = (750\ \text{m})^2 + (1\,000\ \text{m})^2 = 1\,562\,500\ \text{m}^2$
$x \approx 1250\ \text{m}$
Die Kabine legt also eine Strecke von ungefähr **1250 m** zurück.

1 Bestimme die Länge der blau eingetragenen Strecke im Dreieck. Runde auf mm.

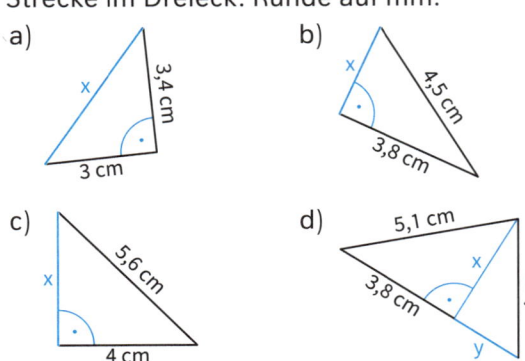

2 Das sogenannte „Haus des Nikolaus" ist ein bekanntes Zeichenspiel und Rätsel. Man löst es, wenn man es schafft, das Haus in einem Zug zu zeichnen und dabei keine Strecke zweimal zu durchlaufen.

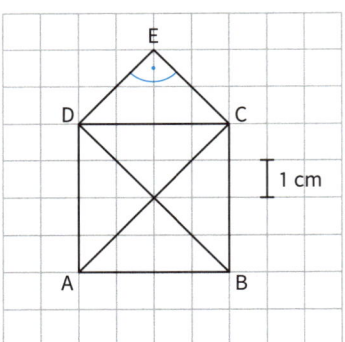

Bestimme rechnerisch die Länge des gesamten Streckenzuges. Runde das Ergebnis auf mm.

3 Bei Skisprungwettbewerben werden häufig Seilkameras eingesetzt. Sie liefern Aufnahmen der Skispringer aus der Vogelperspektive und übertragen diese an verschiedene Fernsehsender. In der Skizze ist eine Seilkamera an einem Tragseil befestigt, das zwischen zwei 12 m hohen Stahlpfosten über die Sportstätte gespannt ist.
Wie lang ist das Tragseil?

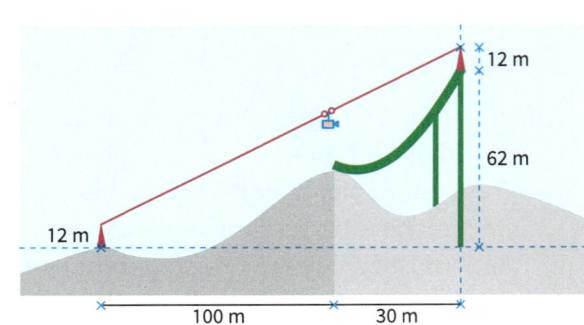

1 Vier Konservendosen werden von einem Plastikband umfasst. Jede Dose hat einen Radius von 5 cm. Berechne die Länge des Plastikbandes.

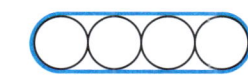

2 Sechs Konservendosen werden wie in der Abbildung gezeigt von einem Plastikband umfasst. Jede Dose hat einen Radius von 6 cm. Berechne die Bandlänge.

Hinweis: Das Lupenbild hilft dir bei der Lösung der Aufgabe. Überlege dazu, wie groß der Winkel α und demzufolge der Winkel β ist.

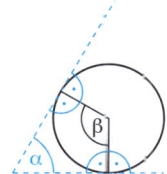

3 Der Kreis hat einen Radius von r = 8 cm.

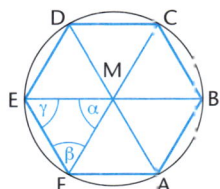

a) Berechne im Dreieck FME die Größe der Winkel.

b) Berechne den Umfang des regelmäßigen Sechsecks ABCDEF.

c) Um wie viel Prozent ist der Umfang des Kreises größer als der Umfang des regelmäßigen Sechsecks?

d) Welche Höhe hat das Trapez BCDE? Ermittle diese Höhe mit einer Zeichnung und berechne anschließend den Flächeninhalt des Trapezes.

e) Wie vergrößert sich der Flächeninhalt des Sechsecks, wenn der Radius des Umkreises verdoppelt wird? Wie vergrößert sich gleichzeitig der Umfang des Sechsecks?

4 Aus einer quadratischen Sperrholzplatte mit einer Fläche von 0,25 m² wird der größtmögliche Kreis ausgeschnitten.

a) Berechne Flächeninhalt und Umfang des Kreises.

b) Wie viel Prozent der ursprünglichen Platte sind Abfall?

---

6 Konservendosen (von S. 46)

Sechs Konservendosen werden von einem Plastikband umfasst. Jede Dose hat einen Radius von 4 cm.

a) Berechne die Länge des Plastikbandes.

b) Reicht für Dosen mit doppeltem Radius ein doppelt so langes Plastikband? Begründe deine Antwort.

http://nale.fi/kbxh

Zu a)
Zur Berechnung der Länge des Bandes unterteilt man es in gerade und gekrümmte Stücke.

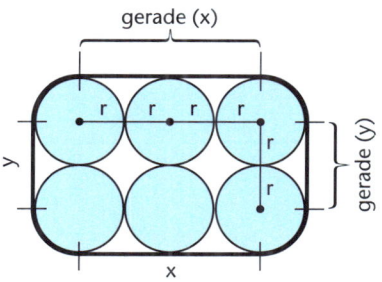

gerade (x)

$x = 4 \cdot$ Radius $\qquad y = 2 \cdot$ Radius
$x = 4 \cdot 4$ cm $\qquad y = 2 \cdot 4$ cm
$x = 16$ cm $\qquad y = 8$ cm

Die vier gekrümmten Stücke entsprechen jeweils dem Viertelkreis, bilden zusammen also einen ganzen Kreis, dessen Umfang zu berechnen ist.

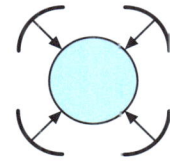

$$u = 2 \cdot \pi \cdot r$$
$$u = 2 \cdot \pi \cdot 4 \text{ cm}$$
$$u \approx 25{,}1 \text{ cm}$$

Die Gesamtlänge des Bandes berechnet sich so:
$l = 2x + 2y + u$
$l = 2 \cdot 16 \text{ cm} + 2 \cdot 8 \text{ cm} + 25{,}1 \text{ cm}$
$l = 32 \text{ cm} + 16 \text{ cm} + 25{,}1 \text{ cm}$
l = 173,1 cm

Zu b)
Gesamtlänge l_1 des Bandes mit Radius r:

$l_1 = 2x + 2y + u$ $\qquad$ |x und y durch
$l_1 = 2 \cdot 4r + 2 \cdot 2r + 2\pi r$ $\qquad$ r ausdrücken
$l_1 = 8r + 4r + 2\pi r$
$l_1 = 12r + 2\pi r$
$l_1 = r(12 + 2\pi)$

Gesamtlänge l_2 mit doppeltem Radius:
$l_2 = 2r(12 + 2\pi)$

Ein doppelt so langes Band reicht also.

7 Gläser (von S. 46)

Ein Likörglas und ein Rotweinglas werden mit Wasser gefüllt.

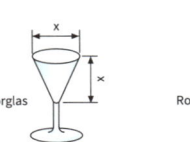
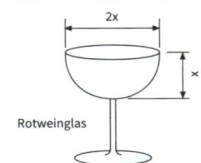

Likörglas   Rotweinglas

a) Wie viele vollständig gefüllte Likörgläser werden benötigt, um das Rotweinglas bis zum Rand zu füllen?

b) Welcher der abgebildeten Graphen zeigt am besten, wie sich die Höhe h des Flüssigkeitsspiegels beim gleichmäßigen Befüllen des **Rotweinglases** in Abhängigkeit von der Zeit t ändert? Kreuze an.

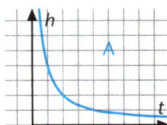
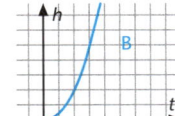
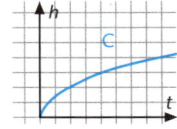

Zu a)

Zunächst muss das Volumen jedes Glases mit einem Term beschrieben werden.

– Der Kelch des Likörglases hat die Form eines auf die Spitze gestellten Kegels mit $r = \frac{1}{2}x$ und $h = x$. Also:

$$V_{\text{Likörglas}} = \frac{1}{3} \cdot \pi \cdot \left(\frac{1}{2}x\right)^2 \cdot x = \frac{1}{3} \cdot \pi \cdot \frac{1}{4}x^2 \cdot x$$

$$= \frac{1}{12}\pi \cdot x^3$$

– Der Kelch des Rotweinglases hat die Form einer Halbkugel mit $r = x$. Also:

$$V_{\text{Rotweinglas}} = \frac{1}{2} \cdot \frac{4}{3} \cdot \pi \cdot x^3 = \frac{2}{3} \cdot \pi \cdot x^3$$

Aus $\left(\frac{1}{12}\pi \cdot x^3\right) \cdot \mathbf{8} = \frac{2}{3} \cdot \pi \cdot x^3$ folgt: **8** randvolle Likörgläser füllen das Rotweinglas.

Zu b)

Je höher ein Punkt des Graphen liegt, desto voller ist das Gefäß.

A: Zu Beginn nimmt die Füllhöhe für eine kurze Zeit rapide, später immer langsamer ab.

B: Die Füllhöhe steigt zu Beginn ein wenig, später immer stärker an.

C: Der Flüssigkeitsspiegel steigt für kurze Zeit rasch, später immer weniger stark an.

Da das Rotweinglas nach oben zunehmend breiter wird und in gleicher Zeit stets die gleiche Flüssigkeitsmenge in das Glas fließt, steigt die Füllhöhe immer langsamer an.

Deshalb: **Richtig ist der Graph C.**

---

1 Ein quaderförmiger Behälter besitzt die in der Zeichnung angegebenen Innenmaße. Er wird langsam mit einer Flüssigkeit gefüllt. Pro Minute fließen 150 cm³ in den Behälter.

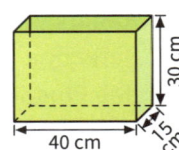

a) Welches Volumen hat der Behälter?

b) Nach wie viel Minuten ist der Behälter voll?

c) Skizziere den Graphen der Funktion f: Zeit x (in min) → Füllhöhe y (in cm).

d) Wie lautet die zu f gehörende Funktionsgleichung?

2 Der abgebildete Behälter wird mit einer Flüssigkeit gefüllt. In jeder Minute 150 cm³ fließen in den Behälter.

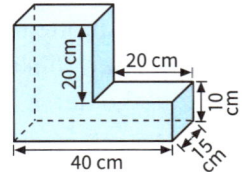

a) Nach wie viel Minuten ist jetzt der Behälter bis zum Rand gefüllt?

b) Skizziere den Graphen dieses Füllvorgangs im Koordinatensystem.

3 Verschiedene Gefäße werden gleichmäßig mit Wasser gefüllt.

a) Ordne jedem Gefäß den Graphen zu, der dessen Füllvorgang am besten darstellt.

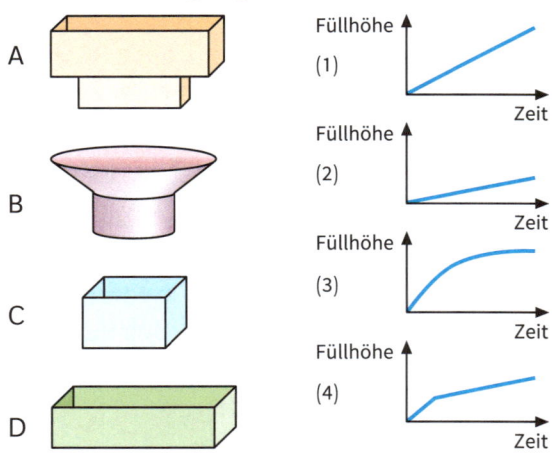

b) Skizziere ein Gefäß, dessen Füllvorgang zu diesem Graphen passt.

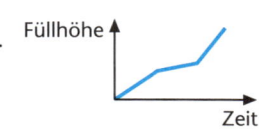

1 Nur zwei Angaben geben den Anteil der hellen Spielsteine auf dem Bild richtig wieder. Ordne zu.

20 %, ein Drittel, jeder Vierte, 40 %, 25 %, jeder Fünfte

2 Zwei Ausdrücke beschreiben denselben Anteil. Ordne die Zahlen den Buchstaben zu.

(1)	jeder Zweite	(A)	ein Zehntel
(2)	fast die Hälfte	(B)	0 %
(3)	10 %	(C)	alle
(4)	niemand	(D)	50 %
(5)	100 %	(E)	49 %

3 Diese Schulnachrichten enthalten Fehler. Zeige rechnerisch, welche mathematische Aussage nicht mit dem Text übereinstimmt und korrigiere den Fehler.

(A) Jeder vierte Junge (4 %) der Klassenstufe 10 ist aktives Mitglied eines Sportvereins.

(B) Ein Zwanzigstel aller Schüler erhielten bei den Bundesjugendspielen eine Siegerurkunde. Letztes Jahr waren es sogar 5 %.

(C) Ein Fünftel aller Siebtklässler kommt mit dem Bus zur Schule. Unter den Achtklässlern sind es mit 25 % deutlich weniger.

4 Aus dem Mitteilungsblatt des FC Dribbel:

In der vorletzten Saison gewann unsere 1. C-Jugend-Mannschaft jedes dritte Spiel. Die letzte Saison verlief deutlich besser. Nach jedem sechsten Spiel verließ unsere Mannschaft als Sieger den Platz. Der Vereinsvorsitzende äußerte daher stolz: „Dies ist eine Steigerung um 50 %."

Was sagst du dazu?

5 Fuhr vor einigen Jahren noch jeder zehnte Autofahrer zu schnell, so ist es heute ‚nur noch' jeder fünfte. Doch auch fünf Prozent sind zu viele, und so wird weiterhin kontrolliert, und die Schnellfahrer haben zu zahlen.

Die Meldung ist fehlerhaft. Begründe.

8 Agenturmeldung (von S. 46)

http://nale.fi/nbhg

Vor allem in Thüringen und Sachsen hängt oder liegt die *weiße Bluse* bei fast jeder neunten Frau (87,4 Prozent) im Schrank, ergab jetzt eine Umfrage.

Die nebenstehende Pressemeldung ist fehlerhaft. Begründe und korrigiere den Text.

Die Meldung ist fehlerhaft, denn „jede neunte Frau" bedeutet:

Bei einer von neun Frauen hängt eine weiße Bluse im Schrank.

$$1 \text{ von } 9 = \frac{1}{9} \approx 0,11 = \frac{11}{100} = 11\%$$

Unter 100 Frauen sind dann etwa elf Frauen zu finden, bei denen eine weiße Bluse im Schrank hängt.

Laut Agenturmeldung ist die weiße Bluse als Kleidungsstück sehr beliebt, nämlich bei 87,4 % der Frauen, d. h. unter 100 Frauen gibt es etwa 87, unter zehn Frauen sind etwa neun zu finden, bei denen eine weiße Bluse im Schrank hängt.

Richtig müsste die Meldung also lauten:

„Vor allem in Thüringen und Sachsen hängt oder liegt die weiße Bluse bei **etwa neun von zehn Frauen (genau sind es 87,4 Prozent)** im Schrank, ergab jetzt eine Umfrage."

Weitere Möglichkeit:

Da $87,4\% \approx 88\% \approx \frac{8}{9}$ gilt, hätte man auch schreiben können:

„Vor allem in Thüringen und Sachsen hängt oder liegt die weiße Bluse **bei etwa acht von neun Frauen (genau sind es 87,4 Prozent)** im Schrank, ergab jetzt eine Umfrage."

http://nale.fi/cgbw

9 Kugelstoßen (von S. 47)

Hier siehst du den ersten Teil der Flugbahn einer gestoßenen Kugel (Maße in m).

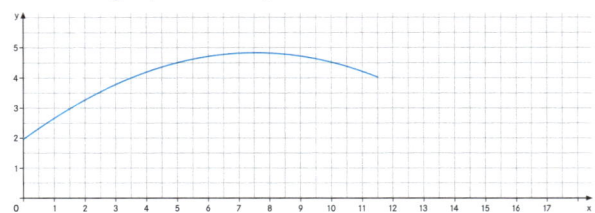

Die Flugbahn kann näherungsweise mit der Funktionsgleichung $f(x) = -0,05x^2 + 0,75x + 2$ beschrieben werden.

a) Lies am Graphen ab, aus welcher Höhe die Kugel abgestoßen wurde.

b) Berechne, welche maximale Höhe die Kugel erreicht. Kontrolliere dein Ergebnis am Graphen.

c) Berechne die Kugelstoßweite und vervollständige die Flugbahn.

Zu a)
Die Kugel wird aus **2 m Höhe** abgestoßen (Punkt auf der y-Achse).

Zu b)
Die Funktionsgleichung wird auf die Scheitelpunktform gebracht (quadratische Ergänzung).
$f(x) = -0,05 \cdot (x^2 - 15x - 40)$
$f(x) = -0,05 \cdot (x^2 - 15x + 7,5^2 - 7,5^2 - 40)$
$f(x) = -0,05 \cdot ((x - 7,5)^2 - 96,25)$
$f(x) = -0,05 \cdot (x - 7,5)^2 + 4,8125$
Die Kugel erreicht eine **Höhe von 4,81 m.**
Das passt zu dem y-Wert, den man am Graphen an der Stelle x = 7,5 abliest.

Zu c)
Wenn die Kugel am Boden aufprallt, ist die Flughöhe $f(x) = 0$.
$-0,05x^2 + 0,75x + 2 = 0 \quad | : (-0,05)$
$x^2 - 15x - 40 = 0 \quad | \text{p-q-Formel}$

$x_{1/2} = 7,5 \pm \sqrt{7,5^2 + 40}$
$x_{1/2} = 7,5 \pm \sqrt{96,25}$
$\phantom{x_{1/2} = 7,5 \pm} x_1 \approx 17,31 \quad (x_2 \approx -2,31)$

Die Kugel wird **17,31 m** weit gestoßen.
Das ist die vollständige Flugbahn:

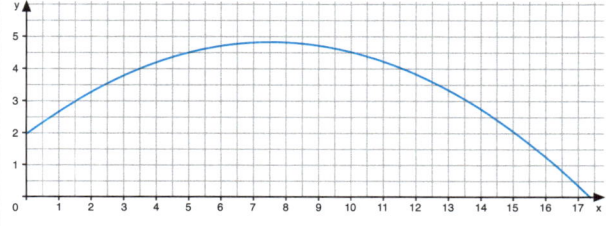

---

1 Ein Brückenbogen hat die Form einer Parabel mit der Gleichung $f(x) = y = -0,04x^2 + 38$

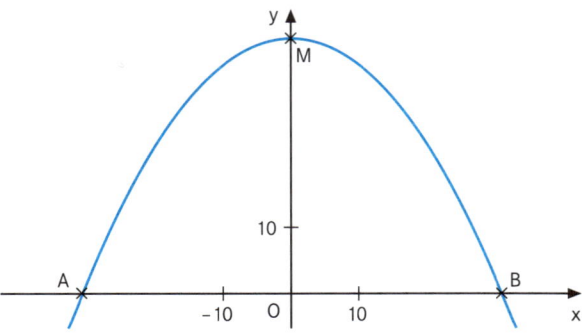

a) Wie lang ist die Strecke $\overline{OM}$?

b) Wie lang ist die Strecke $\overline{AB}$?

2 Die Zeichnung zeigt schematisch den Ablauf eines Weitsprungs. Das Gesäß des Springers bewegt sich etwa auf einer Parabel mit der Gleichung $y = -0,08x^2 + 0,4x + 0,7$.

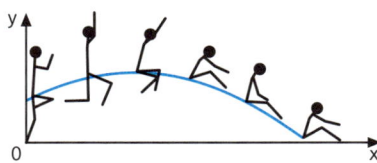

Wie weit vom Absprung entfernt setzt der Springer im Sand auf?

3 Elke versucht einen Korbwurf. Trifft sie? Begründe.

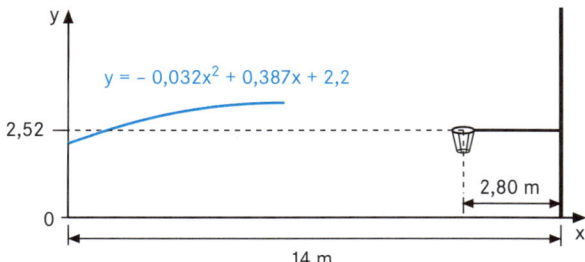

$y = -0,032x^2 + 0,387x + 2,2$

4 Das ist die Flugbahn eines Golfballes. Sie ist eine Parabel der Form $y = ax^2 + bx + c$.

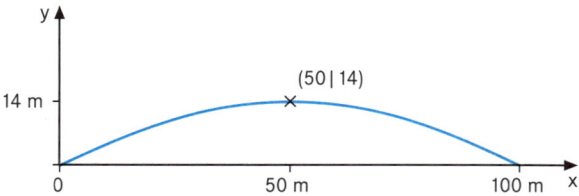

a) Bestimme den Wert von c.

b) Berechne a und b mithilfe der Punkte (50 | 14) und (100 | 0).
Schreibe dann die Funktionsgleichung auf.

1 Abgebildet ist ein gleichschenkliges Dreieck.

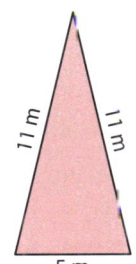

a) Berechne den Flächeninhalt des Dreiecks.

b) Berechne die Innenwin-
kel des Dreiecks.

2 Das Werkstück aus Eisen ist ein Prisma mit
einem gleichschenkligen Trapez als Grundfläche.

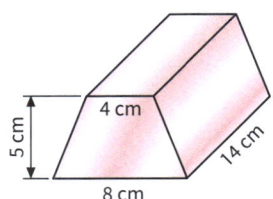

a) Berechne das Volumen des Werkstücks.

b) Berechne den Oberflächeninhalt des Werkstücks.

c) Berechne die Innenwinkel der Trapezfläche.

3 Abgebildet sind die Maße von Tor, Torraum
und Strafraum eines Fußballfeldes. Das Tor ist
2,44 m hoch.

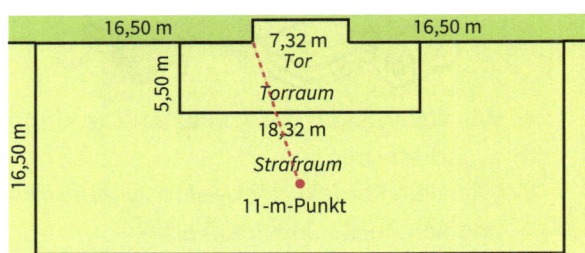

a) Wie groß ist der Strafraum eines Fußballfeldes außerhalb des Torraumes?

b) Vom Elfmeterpunkt wird ein Ball in gerader
Linie in die obere linke Ecke geschossen,
wo Pfosten und Latte zusammentreffen.
Welchen Weg legt der Ball zurück?

c) Mit welchem Winkel hebt der Ball, dessen
Weg in Teilaufgabe b) beschrieben ist, vom
Boden ab?

4 Berechne den Flächeninhalt und den Umfang
des Parallelogramms.

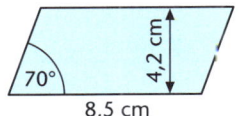

---

10 Haus mit Satteldach (von S. 47)

Der Zeichnung kannst du die Außenmaße eines Einfamilienhauses entnehmen.

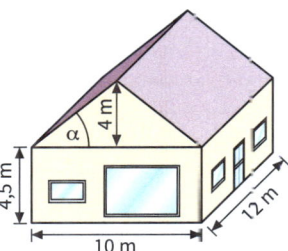

http://nale.fi/ngra

http://nale.fi/xsce

a) Berechne das Volumen des Hauses (umbauter Raum).
b) Wie groß ist die gesamte Dachfläche?
c) Berechne den Neigungswinkel α des Dachs.

Zu a)
Der untere Teil des Hauses ist ein Quader mit
dem Volumen V_1, der obere Teil ist ein Prisma
mit einem Dreieck als Grundfläche G und dem
Volumen V_2.

$V_1 = a \cdot b \cdot c$ $\qquad$ $V_2 = G \cdot h$

$V_1 = 10 \text{ m} \cdot 4,5 \text{ m} \cdot 12 \text{ m}$ $\qquad$ $V_2 = \frac{10 \text{ m} \cdot 4 \text{ m}}{2} \cdot 12 \text{ m}$

$V_1 = 540 \text{ m}^3$ $\qquad$ $V_2 = 240 \text{ m}^3$

$V = V_1 + V_2 = 540 \text{ m}^3 + 240 \text{ m}^3 = 780 \text{ m}^3$

Das Volumen des Hauses beträgt insgesamt
780 m³.

Zu b)
Die Dachflächen bestehen aus
zwei gleichen Rechtecken. Der
Flächeninhalt eines Rechtecks
berechnet sich aus x · 12 m.
Die Länge der Dachkante x wird mit dem Satz
des Pythagoras berechnet.

$x^2 = (4 \text{ m})^2 + (5 \text{ m})^2$

$x^2 = 41 \text{ m}^2$

$x = \sqrt{41 \text{ m}^2} \approx 6,40 \text{ m}$

$A = (6,40 \text{ m} \cdot 12 \text{ m}) \cdot 2 = 153,60 \text{ m}^2$

Die gesamte Dachfläche ist **153,6 m²** groß.

Zu c)

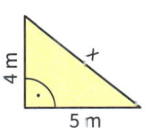

$\tan \alpha = \frac{\text{Gegenkathete}}{\text{Ankathete}} = \frac{4 \text{ m}}{5 \text{ m}} = \frac{4}{5}$

$\tan \alpha = 0,8$

$\alpha \approx 38,66°$

Der Neigungswinkel des Dachs beträgt ca. **39°**.

http://nale.fi/kysd

11 Nebenjobs (von S. 48)

Bei einer Umfrage unter 580 Zehntklässlern geben 30 % an, neben der Schule zu jobben. Insgesamt nehmen 348 Mädchen an der Umfrage teil. Von den befragten Mädchen haben 25 % einen Nebenjob.

a) Berechne den prozentualen Anteil der Mädchen und Jungen an den befragten Zehntklässlern.
b) Wie viele Mädchen haben keinen Nebenjob?
c) Wie viel Prozent der Jungen haben keinen Nebenjob?

Zu a)

348 der 580 Befragten sind Mädchen.

$G = 580$ $\quad$ $W = 348$ $\quad$ $p\,\%$ ist gesucht.

$p\,\% = \dfrac{W}{G} = \dfrac{348}{580} = 0,6 = 60\,\%$

Der prozentuale Anteil der **Mädchen** an den befragten Zehntklässlern beträgt **60 %.**
Also sind 40 % der befragten Zehntklässler Jungen. Das sind 232 (= 580 – 348).

Zu b)

25 % (ein Viertel) der befragten 348 Mädchen geben an, einen Nebenjob zu haben. Das sind 348 : 4 = 87 Mädchen. Damit haben **261** (= 348 – 87) Mädchen keinen Nebenjob.

Zu c)

30 % der 580 befragten Zehntklässler haben einen Nebenjob.

$G = 580$ $\quad$ $p\,\% = 30\,\%$ $\quad$ W ist gesucht.

$W = G \cdot p\,\% = 580 \cdot 30\,\% = 580 \cdot 0,3 = 174$

174 der befragten Zehntklässler haben also einen Nebenjob und **406** (= 580 – 174) haben keinen Nebenjob.

Von diesen 406 Zehntklässlern ohne Nebenjob sind 261 Mädchen (s. Teil b)), also haben 145 (= 406 – 261) Jungen keinen Nebenjob.

Da insgesamt 232 Jungen an der Befragung teilgenommen haben, entspricht dies einem Anteil von $\dfrac{145}{232} = 0,625 = 62,5\,\%$.

62,5 % der Jungen haben keinen Nebenjob.
In der folgenden Tabelle sind noch einmal alle Daten zusammengestellt.

	mit Nebenjob	ohne Nebenjob	
Mädchen	87	261	348
Jungen	87	145	232
	174	406	**580**

---

1 An einer Schule sind 55 % der Schülerinnen und Schüler Mädchen. 35 % der Mädchen kommen mit dem Fahrrad zur Schule. Insgesamt fahren 40 % mit dem Rad zur Schule.

a) Vervollständige das Baumdiagramm.

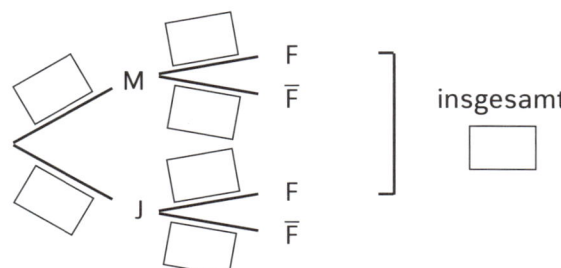

F: mit dem Fahrrad $\qquad$ $\overline{F}$: ohne Fahrrad

b) Berechne, wie viel Prozent der Jungen mit dem Fahrrad zur Schule kommen.

2 Eine Tüte Lakritzkonfekt enthält 60 Stücke in zwei Geschmacksrichtungen: Kakao und Kokos. Zwei Drittel der Konfektstücke besitzen die Form eines Quaders, der Rest ist zylinderförmig. Ein Drittel des Konfekts hat Kakaogeschmack, 12 Konfektstücke sind zylinderförmig und schmecken nach Kokos.

a) Wie viel Prozent der Konfektstücke sind zylinderförmig?
b) Wie viele Konfektstücke sind zylinderförmig und schmecken nach Kakao?
c) Wie hoch ist die Wahrscheinlichkeit, ein quaderförmiges Konfekt mit Kokosgeschmack aus der vollen Tüte zu ziehen?

3 Ein Hersteller für Tiefkühlkost befragte 300 Personen, darunter 120 Jugendliche, ob ihnen eine neue Pizzasorte schmeckt. Die Tabelle zeigt das Ergebnis der Umfrage.

	schmeckt	schmeckt nicht	gesamt
Erwachsene			
Jugendliche		48	120
gesamt	196		300

a) Ergänze die fehlenden Daten der Umfrage.

b) Gib die Wahrscheinlichkeit dafür an, dass einem Erwachsenen die Pizza nicht schmeckt.

1 Ein Routenplaner zeigt für die Strecke von Köln nach Dortmund mit dem Auto 95 km an und nennt eine Fahrtzeit von 1 Stunde 30 Minuten. Der Regionalexpress fährt die etwas längere Bahnstrecke mit einer Durchschnittsgeschwindigkeit von 72 $\frac{km}{h}$ in der gleichen Zeit. Wie lang ist die Bahnstrecke?

2 Das Schaubild gibt an, wie viel die Bundesbürger für Waren und Dienstleistungen des täglichen Bedarfs ausgeben, wenn 1 000 € zu Grunde liegen.

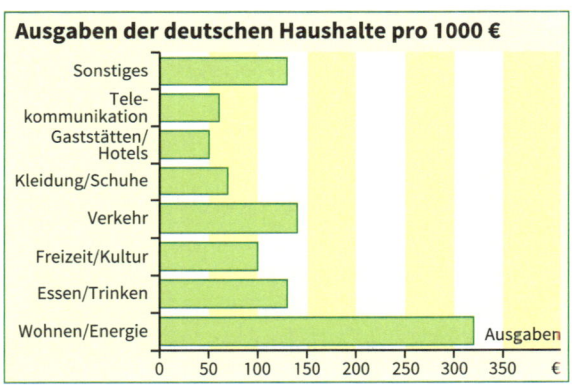

a) Aus dem Schaubild kann folgender Vergleich herausgelesen werden: „Für Wohnen/Energie geben die Bundesbürger etwa dreimal so viel aus wie für Freizeit/Kultur." Stelle mithilfe des Schaubilds mindestens drei weitere Vergleiche an.

b) Familie Wagner gibt jährlich rund 30 000 € aus. Ihre Ausgaben entsprechen ungefähr den durchschnittlichen Ausgaben deutscher Haushalte. Wie viel Geld würde Familie Wagner nach dem abgebildeten Modell für Wohnen/Energie im Jahr ausgeben, wie viel für Verkehr?

---

12 Pkw-Antriebe und Kosten (von S. 48)

http://nale.fi/sdnk

Fahrzeughersteller bieten ihre Modelle mit alternativer Antrieben an (siehe S. 48).

a) Berechne, wie weit man mit den verschiedenen Antrieben für 100 € kommen könnte. Stelle die Ergebnisse in einem geeigneten Diagramm dar.

b) Für den Antrieb mit einem Benzinmotor wurde ein Preis von 2,04 € pro Liter Super angenommen. Kann das Fahrzeug mit einer Tankfüllung (50 l) die Strecke Hamburg – München (775 km) zurücklegen? Begründe rechnerisch.

c) Im Preis von einem Liter Super (2,04 €) ist eine Energiesteuer von 65,45 ct enthalten. Berechne den Anteil in Prozent.

Zu a) Benzin: 14,28 € → 100 km

$$1\ € → \frac{100\ km}{14,28\ €}$$

$$100\ € → \frac{100\ km \cdot 100}{14,28} ≈ \mathbf{700\ km}$$

Diesel: 10,74 € → 100 km

$$1\ € → \frac{100\ km}{10,74\ €}$$

$$100\ € → \frac{100\ km \cdot 100}{10,74} ≈ \mathbf{931\ km}$$

Elektro: 5,95 € → 100 km

$$1\ € → \frac{100\ km}{5,95\ €}$$

$$100\ € → \frac{100\ km \cdot 100}{5,95} ≈ \mathbf{1681\ km}$$

Autogas: 7,10 € → 100 km

$$1\ € → \frac{100\ km}{7,10\ €}$$

$$100\ € → \frac{100\ km \cdot 100}{7,10} ≈ \mathbf{1408\ km}$$

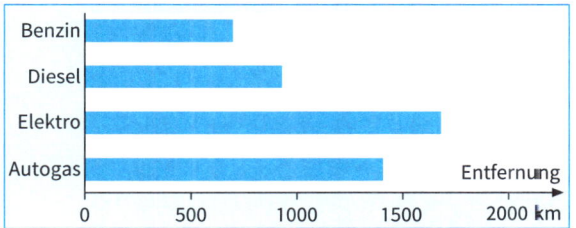

Zu b) Zunächst muss der Verbrauch für 100 km berechnet werden: 14,28 € : 2,04 € = 7
Für 100 km braucht der Benzinmotor 7 l Super-Benzin.

$$7\ l → 100\ km$$

$$1\ l → \frac{100\ km}{7}$$

$$50\ l → \frac{100\ km}{7} \cdot 50 ≈ 714\ km$$

Die **Tankfüllung reicht also nicht** für die (einfache) Strecke Hamburg – München.

Zu c) $p\ \% = \frac{0,6545\ €}{2,04\ €} ≈ 0,32$
Der Anteil der Energiesteuer beträgt **32 %.**

13 Seitenlängen beim Quadrat (von S. 49)

Welche Aussagen sind falsch? Begründe, warum sie falsch sind.

(1) Verdoppelt man die Seitenlänge eines Quadrats, so vervierfacht sich der Umfang.
(2) Verdoppelt man die Seitenlänge eines Quadrats, so vervierfacht sich der Flächeninhalt.
(3) Verdreifacht man die Seitenlänge eines Quadrats, so verdreifacht sich der Umfang.
(4) Verdreifacht man die Seitenlänge eines Quadrats, so verdreifacht sich der Flächeninhalt.

Aussage (1) ist **falsch:**
$u_1 = 4a$ $u_2 = 4 \cdot 2a = 8a$
8a ist nur das Doppelte von 4a.

Aussage (2) ist **richtig:**
$A_1 = a^2$ $A_2 = (2a)^2 = 2a \cdot 2a = 4a^2$
$4a^2$ ist das Vierfache von a^2.

Aussage (3) ist **richtig:**
$u_1 = 4a$ $u_3 = 4 \cdot 3a = 12a$
12a ist das Dreifache von 4a.

Aussage (4) ist **falsch:**
$A_1 = a^2$ $A_3 = (3a)^2 = 3a \cdot 3a = 9a^2$
$9a^2$ ist sogar das 9-Fache von a^2.

Verdreifacht man dagegen bei einem Würfel die Kantenlänge, hat das folgende Auswirkung auf das Volumen:

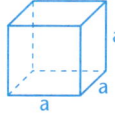

$$V = a^3 \qquad V_3 = (3a)^3 \qquad V_3 = 27a^3$$

Verlängert man bei einer Fläche oder einem Körper alle Kanten um den Faktor k, so wächst:
– der Umfang der Fläche um das k-Fache,
– der Flächeninhalt bzw. die Oberfläche um das k²-Fache,
– das Volumen des Körpers um das k³-Fache.

Beispiel:
Bei einem Kegel mit dem Radius r und der Höhe h werden beide Maße verdoppelt. Wie ändert sich das Volumen?
Der vergrößerte Kegel hat den Radius 2r und die Höhe 2h.

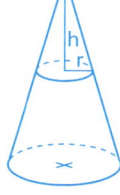

Es gilt: $V = \frac{\pi}{3} \cdot r^2 \cdot h$ $V = \frac{\pi}{3} \cdot (2r)^2 \cdot 2h$

$$V = \frac{\pi}{3} \cdot 8r^2h$$

Das Volumen ist 8-mal so groß.

---

1 Wie ändert sich der Umfang eines Rechtecks, wenn man Länge und Breite verdoppelt?
☐ Der Umfang verdoppelt sich.
☐ Der Umfang vervierfacht sich.
☐ Der Umfang verachtfacht sich.

2 Wie ändert sich der Flächeninhalt eines Kreises, wenn man den Radius vervierfacht?
☐ Der Flächeninhalt verdoppelt sich.
☐ Der Flächeninhalt vervierfacht sich.
☐ Der Flächeninhalt verachtfacht sich.
☐ Der Flächeninhalt versechszehnfacht sich.

3 Wie ändert sich das Volumen eines Würfels, wenn man seine Kantenlänge halbiert?

4 Abgebildet sind eine große Kugel und vier kleine Kugeln, die nur halb so hoch sind.

Die fünf Kugeln sind aus demselben Material. Die große Kugel wiegt 7 kg. Wie viel wiegen die vier kleinen Kugeln zusammen?

5 Beim abgebildeten Quader werden die Kantenlängen a, b und c verdoppelt.

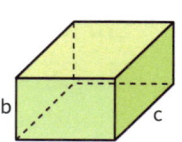

a) Wie ändert sich der Oberflächeninhalt des Quaders?

b) Wie ändert sich das Volumen des Quaders?

6 Die abgebildete Holzpyramide ist 24 cm hoch und wiegt 2 kg. 6 cm unterhalb der Spitze wird parallel zur Grundfläche ein Schnitt durch die Pyramide gelegt.

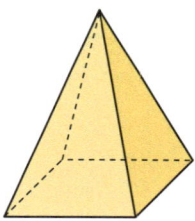

a) Wie schwer ist die abgeschnittene Spitze, die ja ebenfalls eine Pyramide ist?

b) Welchen Bruchteil von der Oberfläche der gesamten Pyramide beträgt die Oberfläche der Spitze?

☐ $\frac{1}{2}$ ☐ $\frac{1}{16}$
☐ $\frac{1}{4}$ ☐ $\frac{1}{32}$
☐ $\frac{1}{8}$ ☐ $\frac{1}{64}$

1

LOS ANGELES, 21. Mai 2010
Für die Rekordsumme von 7,85 Mio. Dollar (6,36 Mio. €) ist in Kalifornien jetzt ein Silberdollar aus dem Jahr 1794 verkauft worden. Von den Münzen wurden 1758 geprägt. Die jetzt verkaufte ist die älteste von den 150, die es noch gibt.

Flowing Hair Dollar

Masse	27 g
Durchmesser	39 bis 40 mm
Zusammen-setzung	90 % Silber 10 % Kupfer
Prägung	1794 bis 1795

a) Bestimme anhand der Angaben im Nachrichtentext den Wechselkurs zwischen Euro und Dollar im Mai 2010.

b) Silber besitzt eine Dichte von 10,5 $\frac{g}{cm^3}$, Kupfer von 8,9 $\frac{g}{cm^3}$. Für die Silberlegierung des Flowing Hair Dollars wird die Dichte mit 10,34 $\frac{g}{cm^3}$ angegeben. Erkläre.

c) Bestimme die Dicke der Münze.

d) 1 Gramm der Silberlegierung hatte Ende Mai 2010 einen Materialwert von etwa 0,80 €. Wie viel Prozent des Materialwerts des Flowing Hair Dollars entspricht die Rekordsumme aus dem Verkauf?

2

Beim Aufschütten von Salz, Getreide, Sand usw. entstehen Schüttkegel. Wie hoch und wie breit ein Kegel wird, hängt von dem so genannten Böschungswinkel des Materials ab. Bei Mehl beträgt dieser Winkel zwischen Seitenlinie und Durchmesser ca. 45°. Der abgebildete Mehlkegel besteht aus 250 g Mehl, sein Durchmesser beträgt etwa 12 cm.

a) Berechne ungefähr die Masse von 1 cm³ Mehl.

b) Wie hoch wäre der Kegel, wenn statt 250 g die doppelte Menge verwendet worden wäre?

---

14 Tonnenschwere Goldmünze (von S. 49)

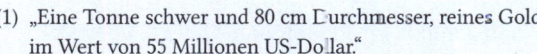

Zwei Zeitungen berichteten im Oktober 2011 über die größte Goldmünze der Welt.

(1) „Eine Tonne schwer und 80 cm Durchmesser, reines Gold im Wert von 55 Millionen US-Dollar."

(2) „... sie ist 80 cm hoch, 12 cm dick, 1 Tonne schwer und zu 99,99 Prozent aus Feingold. Ihr Materialwert liegt bei 34 000 000 €."

a) Bestimme aus den Angaben zum Materialwert in den Meldungen (1) und (2) den Wechselkurs zwischen Euro und Dollar für Oktober 2011.

b) Stimmt die angegebene Dicke in (2) mit den in (1) genannten Maßen überein? Rechne bei Gold mit einer Dichte von 19,3 $\frac{g}{cm^3}$.

c) Löse die Formel für das Volumen eines Zylinders nach r auf. Berechne damit den Radius r einer solchen Goldmünze, die dieselbe Dicke hat, aber nur halb so schwer ist.

Zu a)

Euro	US-Dollar
34 000 000	55 000 000
34	55
1	$\frac{55}{34} \approx 1,6176$

Im Oktober 2011 betrug der Wechselkurs zwischen Euro und Dollar 1,6176. Für 1 Euro erhielt man **ca. 1,62 US-Dollar.**

Zu b)

(1) $V = \frac{Masse}{Dichte} = \frac{1\,t}{19,3\,\frac{g}{cm^3}} = \frac{1\,000\,000\,g}{19,3\,\frac{g}{cm^3}}$

$$V \approx 51\,813,5\ cm^3$$

Wegen $V = \pi \cdot r^2 \cdot h$ gilt:

$h = \frac{V}{\pi \cdot r^2} \approx \frac{51\,813,5\ cm^3}{\pi \cdot (40\ cm)^2}$, **h ≈ 10,3 cm**

Dabei ist h die Dicke der Münze. Die Angaben **stimmen also nicht überein.**

Zu c)

$V = \pi \cdot r^2 \cdot h \ \rightarrow\ r^2 = \frac{V}{\pi \cdot h} \ \rightarrow\ r = \sqrt{\frac{V}{\pi \cdot h}}$

Halbe Masse bedeutet halbes Volumen.

$V = \frac{51\,813,5\ cm^3}{2} = 25\,906,75\ cm^3$

$h = 10,3\ cm$

$r = \sqrt{\frac{25\,906,75\ cm^3}{\pi \cdot 10,3\ cm}} \approx$ **28,3 cm**

Der Radius beträgt etwa **28,3 cm.**

15 Kapitalanlage (von S. 49)

Zur Konfirmation erhält Henrik 1 000 € von seinen Großeltern. Er legt das Geld zu 1,5 % an und will den Betrag so lange unangetastet lassen, bis sich sein Anfangskapital verdoppelt hat.

a) Wie viele Jahre muss Henrik warten?

b) In welcher Zeit würde sich bei gleicher Verzinsung ein Kapital von 10 000 € verdoppeln?

Zu a)

Um zu berechnen, in wie vielen Jahren das Anfangskapital von 1 000 € bei einem Zinssatz von 1,5 % auf ein Endkapital von 2 000 € anwächst, überlegt man sich:

Anfangskapital   1 000,0 €
↓ · 1,015

Kapital
nach 1 Jahr   1 015,00 €
↓ · 1,015   · 1,015²

Kapital
nach 2 Jahren   1 030,225 €   **· 1,015ˣ**

Kapital
nach x Jahren   2 000,00 €

Die Anzahl der Jahre bis zur Verdoppelung des Anfangskapitals auf 2 000 € liefert demnach die Gleichung:

$$1\,000\ € \cdot 1,015^x = 2\,000\ €\quad | : 1\,000\ €$$

$$1,015^x = \frac{2\,000\ €}{1\,000\ €}$$

$$1,015^x = 2$$

Lösen der Gleichung durch probierendes Einsetzen von ganzzahligen Exponenten:

$1,015^{40} \approx 1,81$

$1,015^{45} \approx 1,95$

$1,015^{46} \approx 1,98$

$1,015^{47} \approx 2,01$

Henrik muss also etwa **47 Jahre** bis zur Verdoppelung seines Anfangskapitals warten.

Zu b)

Die Lösung zu a) zeigt, dass die Höhe des Betrages keinen Einfluss auf die Verdoppelungszeit hat. Richtig ist daher: Auch ein Kapital von 10 000 € verdoppelt sich bei einem Zinssatz von 1,5 % in etwa **47 Jahren.**

---

1 Berechne die fehlenden Angaben mithilfe der Zinseszinsformel: $K_n = K_0 \cdot \left(1 + \frac{p}{100}\right)^n$.

	a)	b)	c)
Kapital (K_0)	2 000 €		1 560 €
Zinssatz (p %)	1,4 %	1,6 %	1,5 %
Laufzeit (n)	4 Jahre	1 Jahr	
Endkapital (K_n)		751,84 €	1 705,77 €

2 Legt man einen Betrag von 2 000 € fest zu 1,6 % Zinsen an, so verdoppelt sich das Kapital durch Zins und Zinseszins nach etwa 44 Jahren. Wie viele Jahre dauert es ungefähr, bis sich das Kapital vervierfacht hat?

☐ etwa 66 Jahre   ☐ etwa 100 Jahre
☐ etwa 88 Jahre   ☐ etwa 135 Jahre

3 Im Diagramm ist die Entwicklung eines Anfangskapitals von 500 € bei einem festen Zinssatz über mehrere Jahre dargestellt. Das Endkapital y nach x Jahren kann durch die Gleichung

$y = 500 \cdot \left(1 + \frac{p}{100}\right)^x$ berechnet werden.

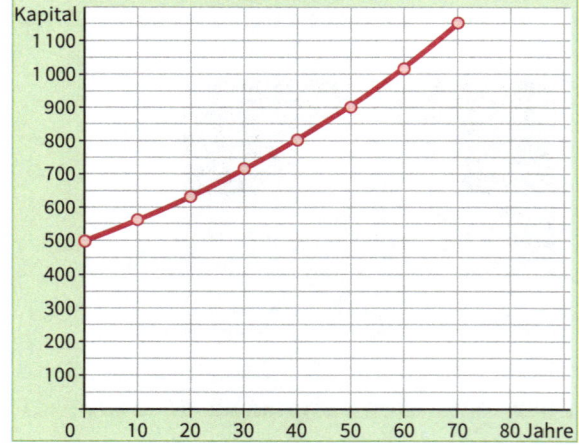

a) Lies aus dem Diagramm ab, nach welcher Zeit sich das Anfangskapital verdoppelt hat.

b) Gib an, zu welchem gleichbleibenden Zinssatz das Anfangskapital angelegt wurde. Notiere deine Rechnung. Runde das Ergebnis auf Zehntel %.

c) Wie lange würde es bei gleicher Verzinsung dauern, bis sich ein Kapital von 50 000 € verdoppelt hätte?

1 Es wird mit den beiden Würfeln aus der nebenstehenden Aufgabe ⑯ gewürfelt. Benutze zur Beantwortung der folgenden Fragen die Tabelle aus der Lösungsspalte der Aufgabe ⑯.

a) Wie groß ist die Wahrscheinlichkeit, zwei verschiedene Zahlen zu würfeln?

b) Wie groß ist die Wahrscheinlichkeit, mindestens die Augensumme 10 zu würfeln?

c) Wie groß ist die Wahrscheinlichkeit, zwei ungerade Zahlen zu würfeln?

2 Julian und Lara würfeln abwechselnd mit zwei Würfeln, Lara beginnt. Sie muss versuchen, die Augensumme 12 zu erzielen, Julian ist erfolgreich mit der Augensumme 7.
Das Spiel ist zu Ende, wenn Lara 3-mal die Augensumme 12 oder Julian 15-mal die Augensumme 7 erzielt hat.
Begründe, wer von den beiden die besseren Gewinnchancen hat.

3 Abgebildet sind die Netze von zwei Würfeln, mit denen gleichzeitig gewürfelt wird.

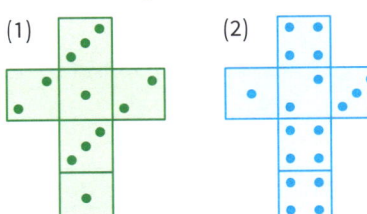

a) Wie groß ist die Wahrscheinlichkeit, eine gerade Augensumme zu würfeln?

b) Wie groß ist die Wahrscheinlichkeit, zwei gleiche Zahlen zu würfeln?

c) Wie groß ist die Wahrscheinlichkeit, die Augensumme 6 zu würfeln?

4 Die vier Könige eines Skatspiels werden gemischt und verdeckt auf den Tisch gelegt. Du drehst nacheinander zwei der vier Spielkarten um. Wie groß ist die Wahrscheinlichkeit,

a) die beiden schwarzen Könige umzudrehen?

b) einen roten und einen schwarzen König in beliebiger Reihenfolge umzudrehen?

---

⑯ Zwei Würfel (von S. 50)

Es wird gleichzeitig mit einem gelben und einem roten Würfel gewürfelt.

Das Ergebnis (3;5) bedeutet: Mit dem gelben Würfel wurde eine 3 und mit dem roten Würfel eine 5 gewürfelt.

a) Wie viele Ergebnisse sind möglich?

b) Wie groß ist die Wahrscheinlichkeit für das Ergebnis (3;5)?

c) Wie groß ist die Wahrscheinlichkeit, einen Pasch, d. h. zwei gleiche Zahlen, zu würfeln?

Zu a)

Die möglichen Ergebnisse kann man sich in einer Tabelle darstellen.

	1	2	3	4	5	6
1	(1;1)	(1;2)	(1;3)	(1;4)	(1;5)	(1;6)
2	(2;1)	(2;2)	(2;3)	(2;4)	(2;5)	(2;6)
3	(3;1)	(3;2)	(3;3)	(3;4)	(3;5)	(3;6)
4	(4;1)	(4;2)	(4;3)	(4;4)	(4;5)	(4;6)
5	(5;1)	(5;2)	(5;3)	(5;4)	(5;5)	(5;6)
6	(6;1)	(6;2)	(6;3)	(6;4)	(6;5)	(6;6)

Das blau unterlegte Feld zeigt das Wurfergebnis: gelber Würfel 3, roter Würfel 5.

Es gibt 6 · 6 = **36 mögliche Ergebnisse.**

Zu b)

(1) Von den 36 möglichen Ergebnissen ist nur ein einziges Ergebnis (3;5). $P(3;5) = \frac{1}{36}$

(2) Das Würfeln mit zwei Würfeln kann als zweistufiger Versuch aufgefasst werden. Für das Ergebnis (3;5) können wir ein vereinfachtes Baumdiagramm zeichnen.

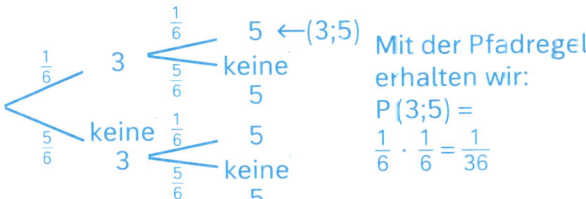

Mit der Pfadregel erhalten wir:
$P(3;5) = \frac{1}{6} \cdot \frac{1}{6} = \frac{1}{36}$

Zu c)
Es gibt die sechs Pasche (1;1), (2;2), (3;3), (4;4), (5;5) und (6;6).

$P(\text{Pasch}) = \frac{6}{36} = \frac{1}{6}$

http://nale.fi/wxzx

17 Fußballduell (von S. 50)

Die abgebildete Grafik vergleicht, wie viel Euro in Deutschland und wie viel Euro in England durch internationale und nationale Medienerlöse eingenommen werden.

a) Berechne den Anteil der nationalen Erlöse in Deutschland an den gesamten Medienerlösen in Prozent..

b) Angenommen, der internationale Medienerlös wächst jedes Jahr in Deutschland um 10 %.
Nach wie vielen Jahren ist er dann ungefähr so groß wie in England im Jahr 2020/2021?

c) Begründe, warum die Darstellung der beiden Kreise zum internationalen Medienerlös irreführend ist.

England zieht davon
Angaben in Millionen Euro

Bundesliga 2020/2021		Premier League 2020/2021
330	internationale Medienerlöse	760
1160	nationale Medienerlöse	2020
1490	gesamte Medienerlöse	2780

Zu a)
gesamte Medienerlöse in Deutschland (G):
1 490 000 000 €
nationale Medienerlöse in Deutschland (W):
1 160 000 000 €
Gesucht: p % $p \% = \frac{1\,160\,000\,000\ €}{1\,490\,000\,000\ €} \approx 0{,}78 = \mathbf{78\,\%}$

Zu b)
Wenn der internationale Medienerlös in der Bundesliga jedes Jahr um 10 % wächst, entspricht dies einem Wachstumsfaktor von 1,1.
Daraus ergibt sich folgende Gleichung:
330 Mio. € · $1{,}1^x$ = 760 Mio. €
Systematisches Probieren liefert für x etwa 9.
Nach 9 Jahren wären die internationalen Medienerlöse in Deutschland ungefähr so hoch wie in England in der Saison 2020/2021.

Zu c)
In der Grafik werden die Werte der Medienerlöse durch die Flächeninhalte der Kreise dargestellt. Der Kreis der Premier League hat einen etwa dreimal so großen Radius und damit den 9-fachen Flächeninhalt wie der Kreis der Bundesliga.
Jedoch sind die internationalen Medienerlöse in England nur etwa 2,3-mal so hoch wie die in Deutschland (760 Mio. : 330 Mio. ≈ 2,3).
Die Darstellung der Kreise ist also irreführend, **der Kreis der internationalen Medienerlöse der Bundesliga müsste größer gezeichnet werden**.

1. Unter günstigen Bedingungen vermehren sich Fruchtfliegen täglich um 25 %. Angenommen, anfangs waren es zehn Fruchtfliegen.

   a) Wie viele Fruchtfliegen sind es nach sieben Tagen?

   b) Bestimme den Zeitraum, in dem sich die Anzahl der Fruchtfliegen verhundertfacht.

2. Mexiko-Stadt hatte bei der letzten Volkszählung im August 2020 rund 21 Millionen Einwohner. Vorausgesagt wird, dass die Bevölkerungszahl dort jährlich um 4,5 % steigt.

   a) Berechne die Zahl der Einwohner, die Mexiko-Stadt im August 2030 hätte.

   b) Tokio war 2020 mit rund 38 Millionen Einwohnern die größte Stadt der Welt. Angenommen, Mexiko-Stadt wächst weiterhin mit der angenommenen Wachstumsrate. Bestimme das Jahr, in dem Mexiko-Stadt die 38-Millionen-Grenze erreicht.

3. In der Tabelle ist die Entwicklung des durchschnittlichen Benzinverbrauchs der Autos in Deutschland seit 1997 dargestellt.

Jahr	1997	1999	2001	2003	2005	2007
Verbrauch pro 100 km (in Liter)	8,7	8,4	8,1	8,0	7,8	7,6

Jahr	2009	2011	2013	2015	2017	2019
Verbrauch pro 100 km (in Liter)	7,5	7,4	7,2	7,3	7,4	7,4

   a) Berechne, um wie viel Prozent der jährliche Verbrauch im Jahr 2019 kleiner ist als der im Jahr 1997.

   b) Der Verbrauch des Jahres 2013 mit 7,2 l war 20 % kleiner als der 1993 mit 9 l. Kann man deswegen sagen, dass der Verbrauch in diesen 20 Jahren pro Jahr um 1 % abgenommen hat? Begründe deine Antwort.

   c) Der Verbrauch in den letzten zehn Jahren blieb fast unverändert. Nenne mögliche Ursachen.

   d) Erstelle eine eigene grafische Darstellung, die den Eindruck erweckt, als wäre der Benzinverbrauch seit 1997 drastisch gefallen.

1 Ordne jedem Zahlenrätsel die passende Gleichung zu und bestimme die Lösung.

Die Differenz aus 3 und dem 3. Teil einer Zahl a ist 8. ④

$\frac{3a}{8} = \frac{1}{2}a$ (C)

$3 - \frac{1}{3}a = 8$ (B)

$8 : 3a = 0,5a$ (D)

Die Summe aus einer Zahl a und dem Dreifachen dieser Zahl a ergibt 8. ①

Multipliziere das Dreifache einer Zahl a mit 8, so erhältst du 3. ③

$a + 3a = 8$ (E)

$3a \cdot 8 = 3$ (A)

Der Quotient aus dem Dreifachen einer Zahl a und 8 ist gleich der Hälfte von a. ②

2 Mit Termen lassen sich auch geometrische Sachverhalte beschreiben.
Skizziere das vierte Muster und schreibe einen Term auf, mit dem sich die Anzahl der Hölzer im n-ten Muster berechnen lässt.

a)

Nummer	n = 1	n = 2	n = 3
Muster	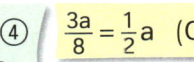		
Hölzer	4 = 1 + 3	7 = 1 + 2 · 3	10 = 1 + 3 · 3

b)

Nummer	n = 1	n = 2	n = 3
Muster			
Hölzer	3	5 = 3 + 2	7 = 3 + 2 · 2

3 a) Schreibe für das Zahlenrätsel eine Gleichung auf und löse sie: „Subtrahiere von der Hälfte einer Zahl ein Drittel der Zahl, dann erhältst du 4."
b) Erfinde ein Zahlenrätsel zur Gleichung $7x - 48 = 2x$. Löse auch die Gleichung.

4 Subtrahiert man vom dreifachen Alter der Frau Krause 5 Jahre, so erhält man dieselbe Zahl, wie wenn man in 15 Jahren Frau Krauses Alter verdoppelt. Stelle eine Gleichung auf und berechne das heutige Alter von Frau Krause.

18 Zahlenrätsel (von S. 51)

http://nale.fi/kwso

(1) Subtrahierst du vom Dreifachen einer Zahl 8, dann erhältst du 5 mehr als die Zahl.
(2) Verdreifachst du die Differenz aus einer Zahl und 8, so erhältst du 5 weniger als die Zahl.
(3) Subtrahierst du 8 von einer Zahl, so erhältst du das Dreifache der Summe aus 5 und der Zahl.

a) Welches Zahlenrätsel gehört zu der Gleichung
$x - 8 = 3(5 + x)$?
b) Löse die Gleichung $x - 8 = 3(5 + x)$.
c) Schreibe auch zu den anderen Zahlenrätseln eine passende Gleichung auf.

Zu a)
Um zu überprüfen, welches Zahlenrätsel zu der Gleichung $x - 8 = 3(5 + x)$ gehört, „übersetzen" wir die Terme rechts und links vom Gleichheitszeichen.
„x – 8" heißt „die Differenz aus einer Zahl und 8" oder „Subtrahiere 8 von einer Zahl";
„3(5 + x)" heißt „das 3-Fache der Summe aus 5 und einer Zahl" oder „Verdreifache die Summe aus 5 und einer Zahl".
Diese Formulierung findet man nur bei **Zahlenrätsel (3)**.

Zu b)
$x - 8 = 3(5 + x)$ | Klammer ausmultiplizieren
$x - 8 = 15 + 3x$ | + 8
$x = 23 + 3x$ | – 3x
$-2x = 23$ | : (–2)
$x = -11,5$
Die gesuchte Zahl lautet **– 11,5.**

Zu c)
Zahlenrätsel (1):
„Subtrahierst du vom Dreifachen einer Zahl 8" heißt in der mathematischer Sprache: „3x – 8".
„5 mehr als die Zahl" heißt „x + 5".
„Erhältst du" steht für das Gleichheitszeichen.
Zum **Zahlenrätsel (1)** lautet die passende Gleichung also: **3x – 8 = x + 5**

Zahlenrätsel (2):
„Verdreifache die Differenz aus einer Zahl und 8" heißt in mathematischer Sprache:
„3 · (x – 8)".
„5 weniger als die Zahl" heißt „x – 5".
„Erhältst du" steht für das Gleichheitszeichen.
Zum **Zahlenrätsel (2)** lautet die passende Gleichung also: **3(x – 8) = x – 5**

http://nale.fi/gvnv

19 Smartphone-Nutzung (von S. 51)

Die Schülerinnen und Schüler aller 10. Klassen einer Schule wurden befragt, wie oft sie ihr Smartphone am Tag vor der Befragung zum Telefonieren, Nachrichten verschicken oder Surfen ungefähr benutzt haben. Das Ergebnis wurde in einem Boxplot dargestellt.

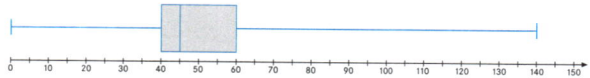

a) Entnimm dem Boxplot folgende Werte: Spannweite, Median (Zentralwert), unteres Quartil, oberes Quartil

b) Felix behauptet: „Die meisten Schülerinnen und Schüler haben mehr als 60-mal mit dem Smartphone telefoniert, Nachrichten verschickt oder gesurft." Nimm Stellung.

Zu a)
Spannweite: 140 – 0 = **140**
(größter Wert – kleinster Wert)

Median (Zentralwert): 45
(mittlerer Wert aller Werte)

unteres Quartil: 40
(mittlerer Wert der unteren Hälfte)

oberes Quartil: 60
(mittlerer Wert der oberen Hälfte)

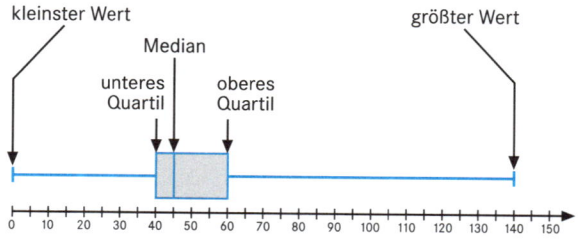

Zu b)
Die Aussage ist falsch. Lediglich ein Viertel aller befragten Schülerinnen und Schüler hat mehr als 60-mal telefoniert, Nachrichten verschickt oder gesurft.
Der Boxplot verdeutlicht die Streuung der gegebenen Werte.
Die Streuung ist im oberen Viertel am größten.
Durch die Länge der Strecke zwischen oberem Quartil und größtem Wert hat sich Felix täuschen lassen.

1 In den 10. Klassen der Aufgabe 19 (links abgebildet) haben 79 Schülerinnen und Schüler an der Befragung teilgenommen. Jeweils genau eine Antwort gab es für 40, 45 und 60.

a) Wie viele Antworten liegen unter 40, zwischen 40 und 45, zwischen 45 und 60 sowie über 60?

b) Stelle in einer Tabelle ein mögliches Befragungsergebnis zusammen, das zum abgebildeten Boxplot passt.

2 Notenspiegel einer Klassenarbeit:

Note	1	2	3	4	5	6
Anzahl	3	8	6	4	3	1

Stelle das Ergebnis in einem Boxplot dar.

3 Die Klasse 10a einer Schule hat eine Klassenarbeit mit folgenden Ergebnissen geschrieben:

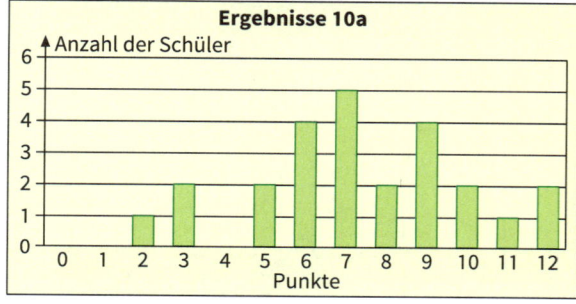

a) Gib an, welcher der abgebildeten Boxplots zur 10a gehört und begründe deine Entscheidung mithilfe geeigneter Kennwerte.

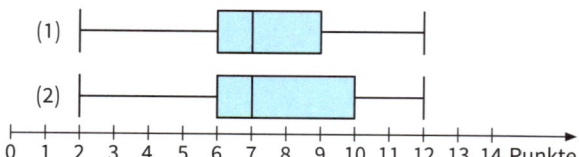

b) Der in Teilaufgabe a) nicht gewählte Boxplot zeigt die Verteilung der Ergebnisse der Klasse 10b (29 Schülerinnen und Schüler). Hier die Tabelle (obere Zeile: Punkte; untere Zeile: Anzahl der Schüler):

2	3	4	5	6	7	8	9	10	11	12
1	2	2	1	4	5	3			1	3

Gib eine mögliche Lösung für die leeren Felder an und begründe deine Lösung.

1 Wie viel Quadratkilometer ist Frankreich ungefähr groß?

Vergleiche dein Ergebnis mit Angaben aus dem Lexikon oder dem Internet.

Beachte: Zu Frankreich gehört auch die Mittelmeerinsel Korsika, die rechts abgebildet ist. Ihre Größe musst du beim Vergleich mit der offiziellen Größe Frankreichs berücksichtigen.

2 Weihnachten 2016 tobte der Sturm „Barbara" und hinterließ an der Sylter Südküste erhebliche Schäden. Bestimme näherungsweise die Größe der rot umrandeten beschädigten Fläche.

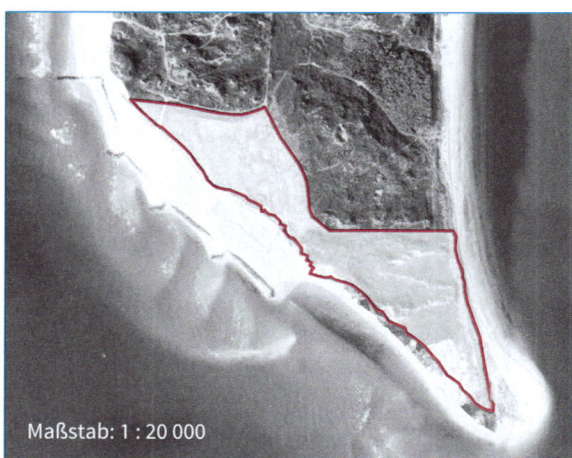

Luftbild vom 26. Dezember 2016:
Die Veränderungen, die Sturm „Barbara" bis zum 28. Dezember hinterließ, sind rot eingezeichnet.

http://nale.fi/mwaz

20 Fläche NRW (von S. 51)

Der Kartenausschnitt zeigt das Bundesland Nordrhein-Westfalen. Bestimme näherungsweise die Größe der Fläche von Nordrhein-Westfalen. Benutze den Maßstab der Karte. Begründe dein Vorgehen.

Man muss versuchen, die Fläche von NRW durch berechenbare Figuren (Vierecke, Dreiecke, ...) so abzudecken, dass sich „Gewinne" und „Verluste" ungefähr ausgleichen. Dafür gibt es sehr viele verschiedene Möglichkeiten; hier ist eine dargestellt. Die gemessenen „cm auf der Karte" muss man mit 40 multiplizieren und erhält dann „km in Wirklichkeit".

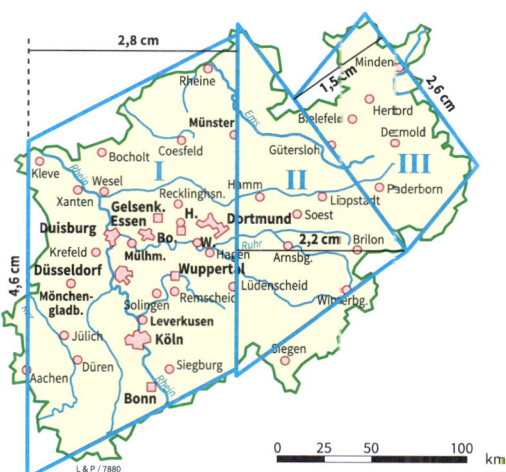

$A_I = 184\ km \cdot 112\ km$ (Parallelogramm)

$A_{II} = \dfrac{192\ km \cdot 88\ km}{2}$ (Dreieck)

$A_{III} = 104\ km \cdot 60\ km$ (Parallelogramm)

$A_I + A_{II} + A_{III} \approx 35\,296\ km^2$

Nach dieser Schätzung ist das Bundesland knapp **35 000 km²** groß.

Ein Blick auf offizielle Angaben zeigt, dass NRW etwas mehr als 34 600 km² groß ist. Die Schätzung ist also ein guter Wert.

73

http://nale.fi/uukw

21 Quadratische Gleichungen (von S. 52)

In der Abbildung siehst du, wie zwei Schüler die Gleichung $x^2 - 8x + 20 = 0$ gelöst haben.

a) Prüfe die Lösungswege. Welcher Weg stimmt, welcher Fehler wurde gemacht?

Marcel	Paul
$x^2 - 8x + 20 = 0$	$x^2 - 8x + 20 = 0$
$x_{1/2} = 4 \pm \sqrt{16 + 20}$	$x_{1/2} = 4 \pm \sqrt{16 - 20}$
$x_{1/2} = 4 \pm \sqrt{36}$	$x_{1/2} = 4 \pm \sqrt{-4}$
$x_1 = 4 + 6 = 10$	
$x_2 = 4 - 6 = -2$	keine Lösung

b) Löse folgende Gleichungen. Nicht immer brauchst du eine Lösungsformel.

(1) $(x + 7) \cdot (x - 7) = 0$ (2) $x^2 + 8x + 16 = 0$

(3) $x^2 - 5x = 0$ (4) $4x^2 + 96x - 100 = 0$

Zu a)

Marcels Lösung ist falsch. Der Fehler geschah beim Einsetzen von q = 20 in die Formel:

$$x_{1/2} = -\frac{p}{2} \pm \sqrt{\left(\frac{p}{2}\right)^2 - q} = +4 \pm \sqrt{16 - 20} = 4 \pm \sqrt{-4}$$

Pauls Lösung stimmt. Es gibt keine Lösung, da die Diskriminante negativ ist.

Zu b)

(1) $(x + 7) \cdot (x - 7) = 0$ Ein Produkt aus zwei Faktoren ergibt 0, wenn einer der Faktoren gleich 0 ist.
Deshalb: $x + 7 = 0$ oder $x - 7 = 0$.
$x_1 = -7$; $x_2 = 7$

(2) Lösung mit der pq-Formel:
$x^2 + 8x + 16 = 0$ $p = 8$ $q = 16$
$x_{1/2} = -4 \pm \sqrt{16 - 16}$
$x = -4$

Lösung mit der 1. binomischen Formel:
$x^2 + 8x + 16 = 0$
$(x + 4)^2 = 0$
$x + 4 = 0$
$x = -4$

(3) $x^2 - 5x = 0$ x ausklammern ergibt
$x \cdot (x - 5) = 0$ also entweder
$x = 0$ oder $x - 5 = 0$
$x_1 = 0$; $x_2 = 5$

(4) $4x^2 + 96x - 100 = 0$ |:4
    $x^2 + 24x - 25 = 0$ $p = 24$ $q = -25$
    $x_{1/2} = -12 \pm \sqrt{144 - (-25)}$
    $x_{1/2} = -12 \pm \sqrt{169}$
    $x_1 = -12 + 13 = 1$ **$x_2 = -12 - 13 = -25$**

---

1   Löse die Gleichung.

a) $(2x - 14) \cdot (15 - 3x) = 0$

b) $4x^2 - 17 - 3x^2 - 8 = 0$

c) $7x^2 - 6x - 5 - 5x^2 + 18x + 5 = 0$

d) $3y^2 - 9y - 37 = 3y - 1$

e) $(5 + a)^2 + a^2 = 3a + 29$

2   Stelle eine Gleichung auf und löse sie.

a) Addiert man zum Quadrat einer Zahl das Dreifache dieser Zahl, so erhält man dasselbe, wie wenn man vom Elffachen der Zahl 7 subtrahiert.

b) Maik subtrahiert 16 vom Doppelten einer Zahl. Elif subtrahiert diese Zahl von 15. Anschließend multiplizieren Maik und Elif ihre Ergebnisse und erhalten Null. Welche Zahl können Maik und Elif gewählt haben?

3

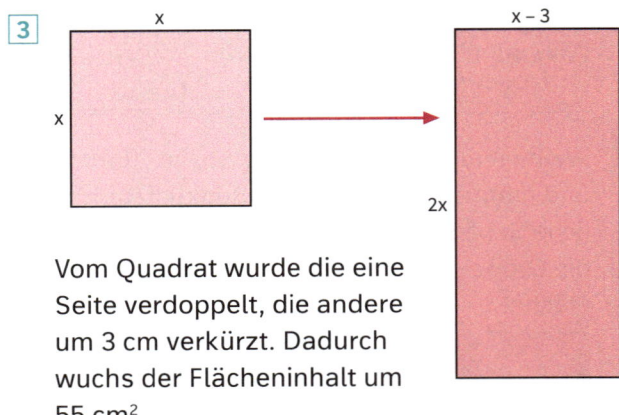

Vom Quadrat wurde die eine Seite verdoppelt, die andere um 3 cm verkürzt. Dadurch wuchs der Flächeninhalt um 55 cm². Welche Seitenlänge hatte das Quadrat?

4   Ein 6 cm hoher Zylinder hat einen Oberflächeninhalt von 169,646 cm².

a) Wie groß ist der Radius des Zylinders?
Hinweis: 169,646 ... = 54π

b) Welches Volumen hat der Zylinder?

5   Der Oberflächeninhalt eines geraden Kreiskegels mit der Kantenlinie s = 6 cm beträgt 172,788 cm³.

a) Berechne den Radius der Grundfläche.

b) Berechne die Höhe des Kegels und anschließend das Volumen.

1 In einem Gefäß sind 4 blaue und 7 rote Kugeln. Es werden nacheinander verdeckt zwei Kugeln gezogen, wobei die erste Kugel vor der zweiten Ziehung wieder zurückgelegt wird.

a) Zeichne ein Baumdiagramm und berechne die Wahrscheinlichkeiten für
(1) zwei blaue Kugeln;
(2) zwei Kugeln verschiedener Farbe;
(3) zwei Kugeln gleicher Farbe.

b) Wie ändern sich die Wahrscheinlichkeiten aus a), wenn die zuerst gezogene Kugel nicht zurückgelegt wird?

2 Das Glücksrad hat abwechselnd gelbe und blaue Felder gleicher Größe. Es wird zweimal nacheinander gedreht. Wie groß ist die Wahrscheinlichkeit für folgendes Ereignis?

a) Es wird zweimal „blau" erzielt.

b) Die letzte Drehung führt zu „blau".

c) Keine Farbe tritt zweimal auf.

d) Die Farbe „gelb" tritt höchstens einmal auf.

3 Die Klasse 10b hat für das Schulfest einen Stand mit einem Würfelspiel aufgebaut. Im Würfelbecher sind zwei Würfel, die gleichzeitig geworfen werden.
Einen Hauptpreis im Wert von 10 € gibt es bei der Augensumme 12; bei den Augensummen 11 und 10 gibt es einen kleineren Preis im Wert von 2 €. Der Einsatz pro Spiel beträgt 1 €.

Am Ende des Schulfestes hat die Klasse 10b 392 € bei dem Spiel verdient. Wie viele Glücksspiele wurden wahrscheinlich durchgeführt? Eine Zahl stimmt; begründe deine Entscheidung.

12, 11 und 10 gewinnt!

| 457 | 893 | 1116 | 1431 | 1599 |

---

22 Glücksrad (von S. 52)

http://nale.fi/hzvh

Auf einem Schulfest kann man am Stand der Klasse 10a für einen Einsatz von 1 € zweimal das abgebildete Glücksrad drehen. Bleibt es beide Male auf der gleichen Farbe stehen, gewinnt man, und zwar bei „grün" einen Trostpreis im Wert von 0,30 € und bei „orange" einen Sachpreis von 8 €.

a) Zeichne ein Baumdiagramm und bestimme damit die Wahrscheinlichkeiten für die möglichen Gewinne
(1) P(g;g) und (2) P(o;o).

b) Wie groß ist die Wahrscheinlichkeit, bei diesem Spiel zu verlieren?

c) Es werden 400 Spiele durchgeführt. Mit welchem Gewinn kann die Klasse rechnen?

$\frac{1}{4}$ des Glücksrades ist orange und $\frac{3}{4}$ sind grün gefärbt.

Mit einem Baumdiagramm und der Pfadregel kann man die Wahrscheinlichkeiten bei 2 Drehungen ermitteln.

Zu a)
Baumdiagramm (g: grün; o: orange)

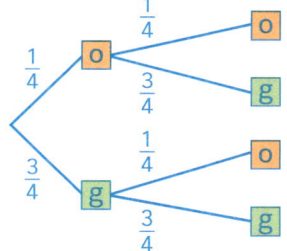

1. Drehung   2. Drehung

$P(o;o) = \frac{1}{4} \cdot \frac{1}{4} = \frac{1}{16}$

$P(g;g) = \frac{3}{4} \cdot \frac{3}{4} = \frac{9}{16}$

Zu b)
Subtrahiert man von 1 alle Gewinnwahrscheinlichkeiten, erhält man die Wahrscheinlichkeit für einen Verlust.

$P(\text{Verlust}) = 1 - \frac{9}{16} - \frac{1}{16} = \frac{6}{16} = \frac{3}{8}$

oder: $P(\text{Verlust}) = P(o;g) + P(g;o)$

$= \frac{1}{4} \cdot \frac{3}{4} + \frac{3}{4} \cdot \frac{1}{4} = \frac{3}{16} + \frac{3}{16} = \frac{6}{16} = \frac{3}{8}$

Zu c)
Bei 400 Spielen kann die Klasse mit ca. 25 Sachpreisen ($25 = 400 \cdot \frac{1}{16}$) und mit ca. 225 Trostpreisen ($225 = 400 \cdot \frac{9}{16}$) rechnen. Diese kosten 200 € und 67,50 €, also insgesamt 267,50 €.
Die Klasse hat **400 € Einnahmen** und kann mit einem **Gewinn von ca. 132,50 €** rechnen ($= 400 € - 267,50 €$).

http://nale.fi/bwah

23 Angebote (von S. 52)

Frau Kurt kann für zwei Jahre einen Lottogewinn von 1 000 000,– € sparen. Drei Banken (A, B, C) bieten ihr unterschiedliche Zinssätze an:

A 1. Jahr 1,2 %; 2. Jahr 1,7 %
B 1. Jahr 0,9 %; 2. Jahr 2,0 %
C 1. Jahr 1,4 %; 2. Jahr 1,5 %

a) Welche Bank kannst du empfehlen? Begründe.
b) Würdest du die gleiche Bank auch für jeden anderen Sparbetrag empfehlen? Begründe.

Zu a)

① Ein Lösungsweg besteht darin, für jede Bank die jährlichen Zinsen sowie das Kapital nach zwei Jahren zu ermitteln.

Angebot	Zinsen für das		Endkapital
	1. Jahr	2. Jahr	
A	12 000 €	17 204 €	1 029 204 €
B	9 000 €	20 180 €	1 029 180 €
C	14 000 €	15 210 €	**1 029 210 €**

Zu empfehlen ist also das **Angebot C.**

② Ein zweiter Lösungsweg betrachtet lediglich die auftretenden Wachstumsfaktoren, mit denen das Anfangskapital entsprechend der Zinsformel multipliziert wird:
Angebot A: $1{,}012 \cdot 1{,}017 = 1{,}029204$
Angebot B: $1{,}009 \cdot 1{,}020 = 1{,}029180$
Angebot C: $1{,}014 \cdot 1{,}015 = \mathbf{1{,}029210}$

Angebot C liefert den größten Faktor, also auch das größte Endkapital:
$1{,}02921 \cdot 1\,000\,000\ € = \mathbf{1\,029\,210\ €}$

Zu b)
Das Angebot C ist auch bei jedem anderen Sparbetrag zu empfehlen. Wie die Überlegung unter ② zeigt, bewirkt der größere Faktor den Vorteil des Angebotes C und dies unabhängig von der Höhe des Sparbetrages.

Die Summe der Zinssätze beträgt bei allen drei Angeboten 2,9 %, die Produkte der Wachstumsfaktoren jedoch sind verschieden.

---

1 Berechne jeweils den fehlenden Wert mithilfe der Zinsformel:
$$Z = K \cdot p\,\% = K \cdot \frac{p}{100}$$

	a)	b)	c)
Kapital (K)	1 800 €		3 000 €
Zinssatz (p %)	0,5 %	1,8 %	
Zinsen (Z)		81 €	19,50 €

2 Tom hat seine Ersparnisse für ein Jahr fest angelegt. Am Jahresende erhält er 20 € Zinsen. Wie viel Zinsen würde Tom nach einem Jahr erhalten,

a) wenn er doppelt so hohe Ersparnisse bei doppelt so hohem Zinssatz angelegt hätte?

b) wenn er doppelt so hohe Ersparnisse bei halb so großem Zinssatz angelegt hätte?

c) wenn er nur die Hälfte seiner Ersparnisse bei doppelt so hohem Zinssatz angelegt hätte?

3 Welche Person hat in zehn Jahren den höchsten Zinssatz für ihr Kapital bekommen?

	Anfangskapital	Endkapital
☐ Anja	2 400 €	2 925,59 €
☐ Boris	1 800 €	2 281,77 €
☐ Pia	300 €	348,16 €
☐ Luca	600 €	798,83 €

4 Die Hausverwaltung bietet Frau Winter zwei Formen des Staffelmietvertrags an:

Angebot A: 3,5 % Mieterhöhung im 1. Jahr, 4,5 % im 2. Jahr

Angebot B: 4,5 % Mieterhöhung im 1. Jahr, 3,5 % im 2. Jahr

a) Auf den ersten Blick erscheinen ihr beide Angebote gleich gut. Stimmt das? Begründe.

b) Mit welcher gleich bleibenden prozentualen Mieterhöhung könnte die Hausverwaltung nach zwei Jahren dieselbe Miete erzielen?

1 Die Heini-Klopfer-Skiflugschanze in Oberstdorf gilt als eine der größten Skiflugschanzen der Welt. Sie wird im Volksmund auch „Schiefer Turm von Oberstdorf" genannt.
Welchen Höhenunterschied hat die Anlaufbahn und wie lang ist diese?

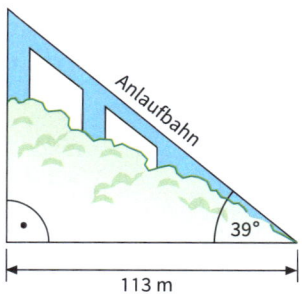

2 Abgebildet ist ein Segelschiff, das von zwei Leuchttürmen angepeilt wird. Wie weit ist es von den beiden Leuchttürmen jeweils entfernt?

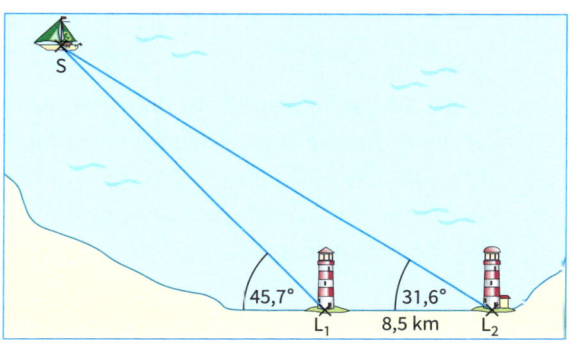

3 Im Maßstab 1:5000 sieht man eine Passstraße von oben. Sie beginnt an Punkt A und erreicht in einem Punkt B die Passhöhe. Punkt A befindet sich auf einer Höhe von 620 m, die durchschnittliche Steigung beträgt 14 %.
Wie hoch liegt Punkt B und wie weit fährt man von A bis B?

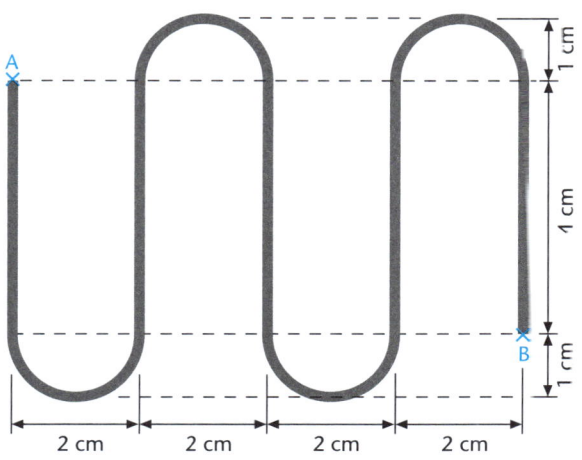

http://nale.fi/vvbw

24 Brückenkonstruktion (von S. 53)

Über den Fluss soll eine Brücke führen, die in A beginnt und B endet. Vermesser haben am unteren Flussufer eine 400 m lange Strecke $\overline{AC}$ abgesteckt und von dort folgende Winkel vermessen:
∢ BAC = 67,8° und ∢ ACB = 49,3°
Bestimme die Länge der Brücke durch eine maßstäbliche Zeichnung und durch Berechnung auf einem extra Blatt.

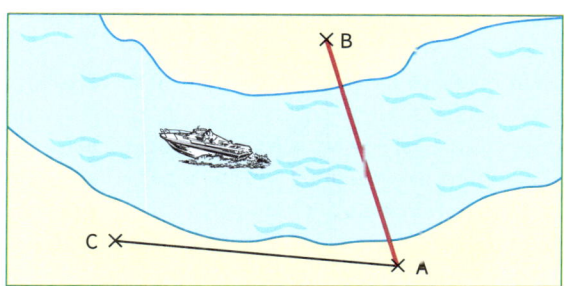

① *Zeichnerische Lösung*
Maßstab 1:10000
(1 cm ≙ 100 m).
Messung: x = 3,4 cm
In Wirklichkeit:
$\overline{AB}$ = 3,4 cm · 10000
$\overline{AB}$ = 340 m

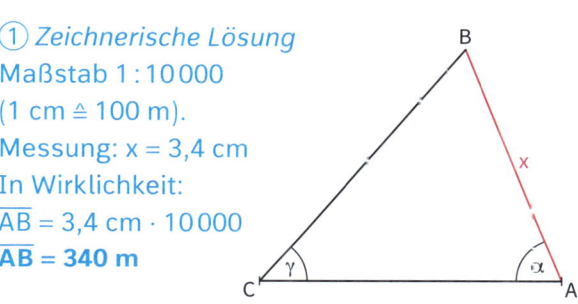

② *Rechnerische Lösung*
α = ∢BAC = 67,8°
γ = ∢ACB = 49,3°
β = 180° − α − γ = 62,9°

Das Dreieck CAB wird durch die Höhe h in zwei rechtwinklige Dreiecke zerlegt.

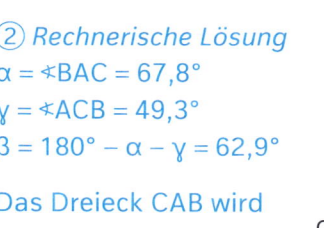
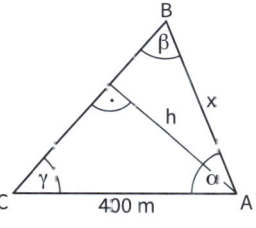

$$\sin \gamma = \frac{h}{400 \text{ m}}$$

h = 400 m · sin 49,3° ≈ 303,25 m

$$\sin \beta = \frac{h}{x} = \frac{303,25 \text{ m}}{x}$$

$$x = \frac{303,25 \text{ m}}{\sin 62,9°} ≈ 340,65 \text{ m}$$

Die Brücke muss rund **341 m** lang werden.

Falls der Sinussatz bekannt ist, gibt es noch einen kürzeren Weg:

$$\frac{x}{\sin 49,3°} = \frac{400 \text{ m}}{\sin 62,9°}$$

$$x = \frac{400 \text{ m} \cdot \sin 49,3°}{\sin 62,9°}$$

x ≈ 340,65 m

25 Verdienst (von S. 53)

Herr Berger arbeitet als Verkäufer. Er kann sich in seiner Firma ent-

	A	B	C	D
1	Umsatz	Provision (4%)	Verdienst Modell 1	Verdienst Modell 2
2	- €	- €	2.500,00 €	- €
3	10.000,00 €	400,00 €	2.900,00 €	1.000,00 €
4	20.000,00 €	800,00 €	3.300,00 €	2.000,00 €
5	50.000,00 €	2.000,00 €	4.500,00 €	5.000,00 €
6	100.000,00 €	4.000,00 €	6.500,00 €	10.000,00 €

scheiden, wie sein Verdienst berechnet wird:

Modell 1: 2 500 € Grundgehalt plus 4 % Provision vom Umsatz;

Modell 2: kein Grundgehalt, aber dafür 10 % Provision vom Umsatz.

a) Lies aus der Tabelle ab, wie viel Herr Berger bei einem Umsatz von 20 000 € nach Modell 1 mehr verdienen würde als nach Modell 2.

b) Gib eine Formel für den Verdienst in Zelle D3 an.

c) Kreuze an, welche Formeln den Verdienst in Zelle C3 liefern.
☐ =B3+2500   ☐ =A3+B3
☐ =A3*4/100   ☐ =A3*0,04+2500

d) Bei welchem Umsatz ist der Verdienst bei beiden Modellen gleich?

Zu a)
Man kann in Zeile 4 ablesen, dass er bei einem Umsatz von 20 000 € nach Modell 2 2 000 € verdienen würde und nach Modell 1 3 300 €, also **1 300 € mehr.**

Zu b)
Der zugehörige Umsatz steht in Zelle A3.
10 % vom Umsatz sind dann **=A3*10/100** oder **=A3*0,1.**

Zu c)
Richtig sind:
☒ =B3+2500 (Provision + Grundgehalt) und
☒ =A3*0,04+2500 (mit A3*0,04 als Provision)
Bei der Formel =A3*4/100 wird nur die Provision berechnet, ohne das Grundgehalt.
In der Formel =A3+B3 werden der Umsatz und die Provision addiert.

Zu d)
$$2\,500\ € + \frac{4}{100} \cdot \text{Umsatz} = \frac{10}{100} \cdot \text{Umsatz}$$
$$2\,500\ € = \frac{6}{100} \cdot \text{Umsatz}$$
$$250\,000\ € = 6 \cdot \text{Umsatz}$$
$$\text{Umsatz} \approx 41\,667\ €$$

Bei einem Umsatz von **41 667 €** verdient man mit beiden Modellen gleich viel.

---

1. Tim möchte für seinen Umzug einen Transporter mieten. Er vergleicht zwei Angebote.
Angebot A: 0,42 €/Kilometer + 38 € Pauschale
Angebot B: 0,32 €/Kilometer + 66 € Pauschale

	A	B	C
1	**Strecke in km**	**Angebot A**	**Angebot B**
2	50	59,00 €	82,00 €
3	100	80,00 €	98,00 €
4	150	101,00 €	114,00 €
5	200	122,00 €	130,00 €
6	250	143,00 €	146,00 €
7	300	164,00 €	162,00 €
8	350	185,00 €	178,00 €
9	400	206,00 €	194,00 €

a) Welche Formeln liefern das korrekte Ergebnis in Zelle B7?
☐ =A7*0,42   ☐ =A7*0,42+38   ☐ =B2+B5

b) Lies in der Tabelle ab, für wie viel km die Angebote etwa gleich sind. Begründe.

c) Stelle für beide Angebote die Gleichungen für die Funktion *Strecke (km) → Kosten (€)* auf und ermittle rechnerisch, für welche Kilometerzahl bei beiden Angeboten die gleichen Kosten anfallen.

2. Tanja untersucht mit einer Tabellenkalkulation die Veränderung des Würfelvolumens beim Anwachsen der Kantenlänge.

	A	B	C	D	E	F	G
1	**Kantenlänge a**	2	3	4	5	6	7
2	**Volumen V**	8	27				

a) Durch welche Eingabe berechnet das Programm den Wert in Zelle D2?

b) Welche Zellen würdest du vergleichen, um die folgende Frage zu beantworten: Wie verändert sich das Würfelvolumen, wenn sich die Kantenlänge verdoppelt?

3. Wie entwickelt sich der Preis von 80 € für ein Paar Schuhe, wenn er abwechselnd um 20 % herauf und um 20 % herabgesetzt wird?

a) Die Zahl in Zelle B2 wird mit der Formel =B1*A2 berechnet. Erkläre.

b) Erkläre die Zahl in A3.

c) Welche Formel steht in Zelle B5? Welche in Zelle B6?

	A	B
1	**q**	80
2	1,2	
3	0,8	
4	1,2	
5	0,8	
6	1,2	
7	0,8	

1 Im Jahr 1834 bekam Frankreich vom ägyptischen Vizekönig den abgebildeten Obelisken aus Granit geschenkt. Der Obelisk wurde auf einen Sockel gestellt und mit einer 3,6 m hohen goldenen Spitze versehen.

a) Wie hoch ist der Obelisk ungefähr?

b) Durch welche geometrische Form kann das Volumen des Obelisken ungefähr bestimmt werden?

c) Berechne die ungefähre Masse des Obelisken (Dichte Granit: 2,8 Tonnen pro m³).

Obelisk

2 Auf dem Fotokunstpfad in Zingst ist die Brille ein beliebtes Motiv.

a) Schätze die Maße der Brille (Breite, Höhe, Länge der Bügel).

b) Wie groß müsste eine Person ungefähr sein, zu der diese Brille passt?

3

Wie viele Personen sind auf dem Foto ungefähr versammelt?

26 Riesentasse (von S. 53)

http://nale.fi/hzwg

In Koblenz steht vor einem Café die rechts (siehe S. 51) abgebildete Riesentasse.

a) Schätze folgende Größen:
Tassenhöhe; oberer/unterer Tassendurchmesser

b) Jenny hat die folgenden drei Körper gezeichnet, um das Volumen der Riesentasse damit abzuschätzen Welcher der drei Körper wird das beste Ergebnis liefern? Kreuze an und begründe deine Antwort.

☐ 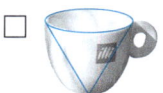 ☐  ☐

c) Wie teuer wäre ein Cappuccino in dieser Riesentasse, wenn 0,2 l Cappuccino in diesem Café 2,80 € kostet?

Die folgenden Maßangaben beziehen sich auf das Foto vorn im Text.

Zu a)
Die Frau dient als Vergleichsgröße. Die Maße der Tasse werden also mit der Größe der Frau verglichen. Die Frau ist ungefähr dreimal so groß wie die Tasse hoch ist. Unter der Annahme, dass die Frau 1,65 m groß ist, beträgt die Tassenhöhe 1,65 m : 3 = **55 cm.** Der obere Tassendurchmesser ist etwa gleich der Tassenhöhe, also auch **55 cm,** der untere (innere!) Tassendurchmesser wird auf **25 cm** geschätzt.

Zu b)
Der **Zylinder** nähert die Form der Tasse am besten an, denn sein Durchmesser ist zwar oben zu klein, aber dafür unten zu groß. Als Durchmesser des Zylinders könnte der Mittelwert aus oberem und unterem Tassendurchmesser gebildet werden. Der Kegel würde einen zu kleinen Wert, der Würfel einen zu großen Wert liefern.

Zu c)
Für den Zylinder aus Aufgabenteil b) ergibt sich mit einer Höhe von 55 cm und einem mittleren Radius von 20 cm folgendes Volumen:
$V = \pi \cdot r^2 \cdot h = \pi \cdot (20\ cm)^2 \cdot 55\ cm \approx 69\,115\ cm^3$
Das sind fast 70 Liter. Bei einer Tassengröße von 0,2 l im Café wären das also fast 350 Tassen. Bei einem Preis von 2,80 € pro Tasse kosten 350 Tassen 980 €. Da alle Maße nicht ganz genau sind, kann man feststellen, dass eine Riesentasse Cappuccino **ungefähr 1 000 €** kosten würde.

Abschlusstest

Im Abschlusstest zu den komplexen Aufgaben kannst du zeigen, wie viel du im Vergleich zum Eingangstest dazugelernt hast. Die Lösungen zu diesen Aufgaben findest du im Lösungsheft.

1 Neue Preise

a) Vor einem Monat kostete ein BMX-Fahrrad, für das Anna sich interessiert, noch 639 €. Inzwischen ist es 15 % teurer geworden.

Wie hoch ist der neue Preis gerundet auf Euro? Neuer Preis: _____

b) Der Preis für einen Sturzhelm wurde von 59 € auf 49 € gesenkt. Berechne die Preisänderung in

Prozent. Runde auf ganze Prozent. Preissenkung: _____

c) Eine orange Sicherheitsweste kostet nach einer Preissenkung um 5 % jetzt 14,80 €. Wie teuer war

sie vor der Preissenkung? Runde auf eine Stelle nach dem Komma. Alter Preis: _____

2 Autofarben

Ein Autohändler führt Statistik darüber, welche Fahrzeugfarben von den Käufern bevorzugt werden. Am beliebtesten sind silbergrau und schwarz (s. Tabelle). Im letzten Jahr verkaufte der Autohändler 228 Autos.

Farbe	Anzahl	Anteil	
		als Bruch	in %
silbergrau	76		
schwarz	57		
Sonstige			

a) Rechne und ergänze die Häufigkeitstabelle.
   Gib die Anteile als vollständig gekürzten Bruch und in Prozent an.

b) Der Autohändler will in diesem Jahr 300 Autos verkaufen. Mit wie vielen schwarzen Autos kann er dann rechnen?

_____

c) Angenommen, die Farbe silbergrau wird mit einer Wahrscheinlichkeit von $\frac{1}{3}$ und die Farbe schwarz mit einer Wahrscheinlichkeit von $\frac{1}{4}$ gewählt. Wie groß ist dann die Wahrscheinlichkeit, dass bei zwei verkauften Autos
(1) beide Autos silbergrau sind,   (2) ein Auto silbergrau und das andere schwarz ist?
Vervollständige und beschrifte zunächst das Baumdiagramm

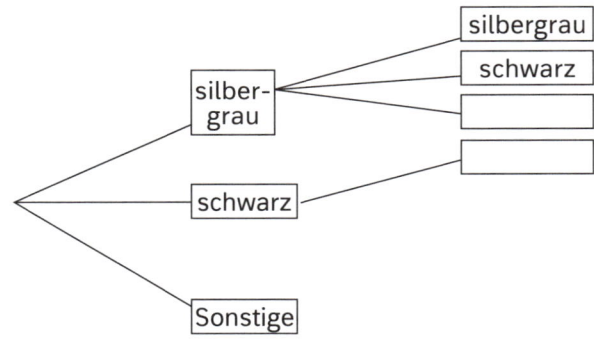

_____

_____

3 Busfahrt

Das Reiseunternehmen „Grenzenlos" bietet Busfahrten nach Paris an. Die Abbildung zeigt die Tankfüllung des Reisebusses während der Fahrt von Köln nach Paris.

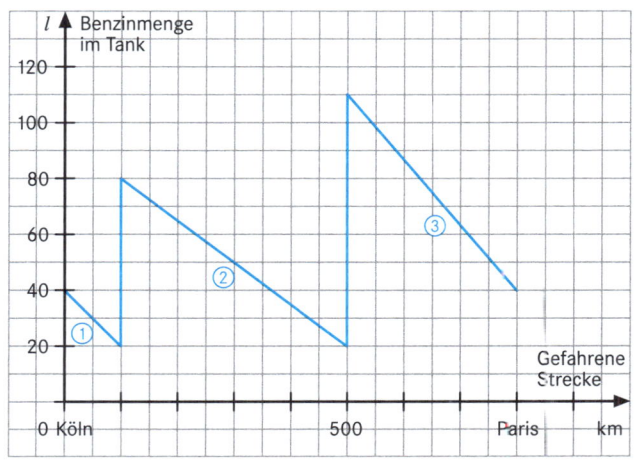

a) Wie oft wurde angehalten, um zu tanken?

_____

b) Wie groß ist die Entfernung von Köln nach Paris ungefähr? _____

c) Auf welcher Teilstrecke ①, ② oder ③ war der Benzinverbrauch pro 100 km am größten?

_____

d) Wie viel Liter Benzin verbrauchte der Bus auf der gesamten Fahrt? _____

4 Behälter mit Kugeln

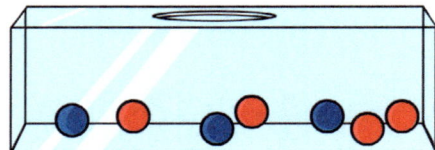

In einem Behälter sind 3 blaue und 4 rote Kugeln. Marc schlägt Björn folgendes Spiel vor:

„Du darfst verdeckt nacheinander zwei Kugeln ziehen, ohne die zuerst gezogene Kugel in den Behälter zurückzulegen. Du gewinnst, wenn die beiden Kugeln die gleiche Farbe haben, sonst gewinne ich."

Zeichne ein Baumdiagramm und berechne die Gewinnwahrscheinlichkeiten.

Baumdiagramm:

Gewinnwahrscheinlichkeit für Marc: _____

Gewinnwahrscheinlichkeit für Björn: _____

5 Lotterie

Die 2 000 Lose einer Lotterie setzen sich so zusammen:

- 80 % Nieten
- 15 Hauptgewinne von je 50,00 €
- 4 % Preise von je 6,00 €
- Rest Trostpreise von je 0,50 €

Ein Los kostet 1,00 €.

a) Hat der Losverkäufer recht? Begründe.

_____

_____

b) Es wurden alle Lose verkauft. Berechne den Gewinn der Lotterie.

_____

6 Flugzeug

Nach 26,3 km Flug befindet sich das Flugzeug über Alsburg.

a) In welcher Höhe überfliegt es Alsburg?

_____

b) Berechne den Steigungswinkel und gib die Steigung in Prozent an.

_____

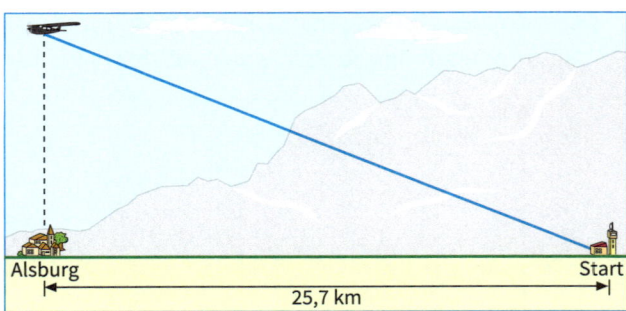

Alsburg   Start

25,7 km

7 CD

a) Wie groß ist der Datenbereich, also die beschreibbare Fläche einer CD?

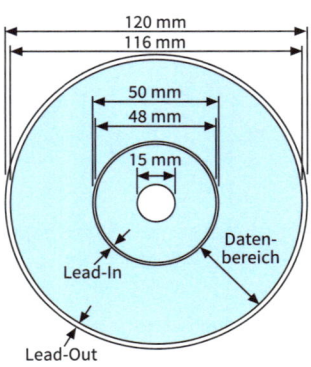

120 mm
116 mm
50 mm
48 mm
15 mm

Daten-bereich
Lead-In
Lead-Out

_____

b) Eine CD wird von innen nach außen beschrieben. Diesen beschriebenen Anteil kann man sehen. Wie weit muss die CD beschrieben sein, damit der Datenbereich zur Hälfte gefüllt ist? (Wann ist die CD „halb voll"?)

_____

8 Reisepreis

Ein Reiseveranstalter verlangt bei der Buchung einer Reise sofort eine Anzahlung von 20 % des Reisepreises und vier Wochen vor Abfahrt den Restbetrag.

a) Ergänze in Zeile 4 der Tabelle die Werte für die Anzahlung und den Restbetrag.

	A	B	C
1	**Reisepreis**	**Anzahlung (20%)**	**Restbetrag**
2	500,00 €	100,00 €	400,00 €
3	750,00 €	150,00 €	600,00 €
4	998,00 €		
5	1.437,00 €	287,40 €	1.149,60 €

b) Gib für die Zellen B4 und C4 Formeln an, mit denen diese Werte berechnet werden können.

B4: _____ C4: _____

9 Ferienplanung

Die vierköpfige Familie Dogan sucht eine Ferienwohnung in Österreich. Die drei abgebildeten Angebote kommen in die engere Wahl.

a) Beschreibe den Preis y des Angebots „Ferienwohnung Sonne" durch eine Funktionsgleichung (x – Anzahl Nächte).

y = _____

b) Stelle die Zuordnungen der drei Angebote im Koordinatensystem dar.

c) Familie Dogan will genau zwei Wochen bleiben. Begründe mithilfe der Grafik, für welches Angebot sich die Familie entscheiden sollte.

_____

_____

Ferienwohnung Sonne
70 € pro Nacht · pauschale Nebenkosten (Strom und Endreinigung: 40 € pro Person)

Ferienwohnung Alpenblick
Endreinigung EUR 50,00 pro Aufenthalt, keine weiteren Nebenkosten EUR 80 pro Nacht

Ferienappartement Höhenluft
90 € pro Nacht · Keine weiteren Nebenkosten

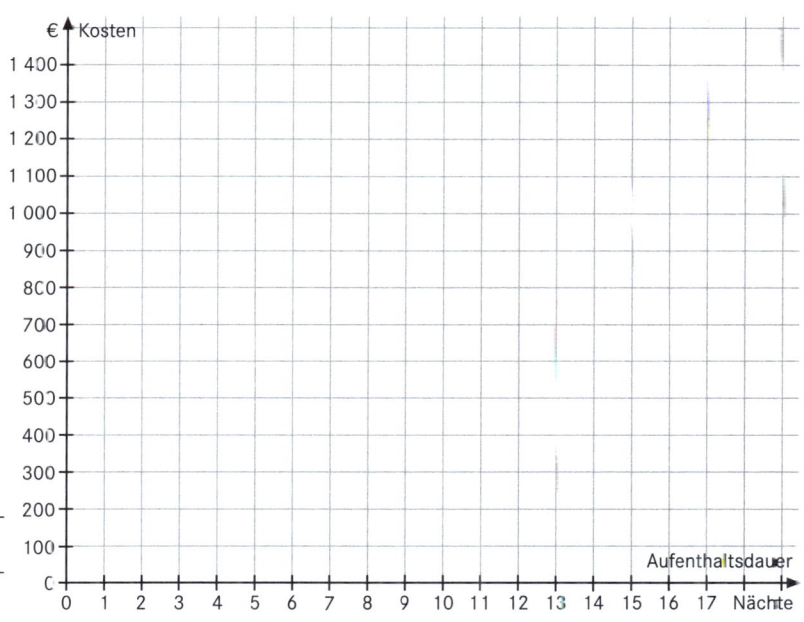

10 Sonnenfinsternis

Am 19. März 2015 berichtete ein Internetdienst:

Stromnetz vor Härtetest
Während der morgigen Sonnenfinsternis werden die Solaranlagen in Deutschland (Gesamtleistung: ca. 18 Gigawatt) maximal 6 Gigawatt liefern. Das sind gerade mal 3 % der normalen Leistung!

Die nebenstehende Meldung ist fehlerhaft. Begründe.

_____

_____

_____

11 Verein

Rechts abgebildet siehst du eine Umfrage unter 325 Jugendlichen, die in ihrer Freizeit Fußball spielen.

a) Wie viel Prozent der befragten Jugendlichen sind auch Mitglied im Fußballverein?

_____

b) Helena meint dazu: „Von allen Befragten, die in einem Verein Fußball spielen, sind nur 30 % Mädchen."
Stimmt das? Begründe deine Antwort.

_____

c) Justus ergänzt: „Wenn Jungen in ihrer Freizeit Fußball spielen, dann sind sie auch deutlich häufiger im Verein als Mädchen, die in ihrer Freizeit Fußball spielen." Hat Justus recht? Begründe.

_____

	spielen in ihrer Freizeit Fußball.	davon im Verein
Mädchen	75	15
Jungen	250	35

12 Zahlenrätsel

a) Finde zu den Zahlenrätseln eine passende Gleichung und löse sie.

| (1) Verdoppelst du die Summe aus dem Fünffachen einer Zahl und 7, so erhältst du das um 53 vermehrte Produkt aus der Zahl und -3. | (2) Subtrahierst du von einer Zahl -8, so erhältst du das Fünffache der Zahl vermehrt um 64. | (3) Max verringert das Vierfache einer Zahl um 17, Moritz verdreifacht die Differenz zwischen der Zahl und 2. Beide erhalten das gleiche Ergebnis. |

(A) $2(5x + 7) = -3x + 53$

(B) $2 \cdot 5x + 7 = -3x + 53$

(C) $2(5x + 7) = -3x \cdot 53$

(D) $x - 8 = 5x + 64$

(E) $x : 8 = 5x + 64$

(F) $x - (-8) = 5x + 64$

(G) $4x - 17 = 3x - 2$

(H) $4x - 17 = 3(x - 2)$

(I) $4(x - 17) = 3(x - 2)$

(1) _____   (2) _____   (3) _____

13 Haus mit Pultdach

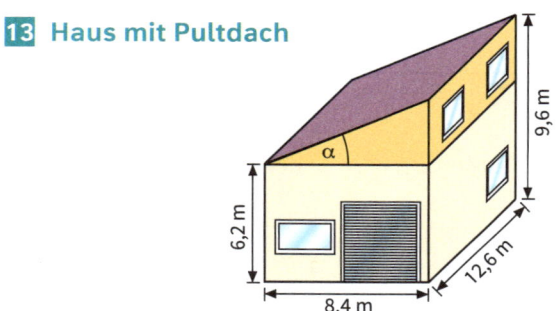

a) Berechne den umbauten Raum des Hauses.

_____

b) Wie groß ist der Flächeninhalt der Seitenflächen?

_____

c) Berechne den Neigungswinkel α des Daches.

14 Taschengeld

Eine Gruppe von Jugendlichen wurde nach der Höhe ihres monatlichen Taschengeldes befragt. Das Ergebnis wurde in einem Boxplot dargestellt. Formuliere einige Aussagen, die du am Boxplot ablesen kannst. Benutze dabei auch die Begriffe *Spannweite, Median, unteres Quartil, oberes Quartil* und *Streuung*.

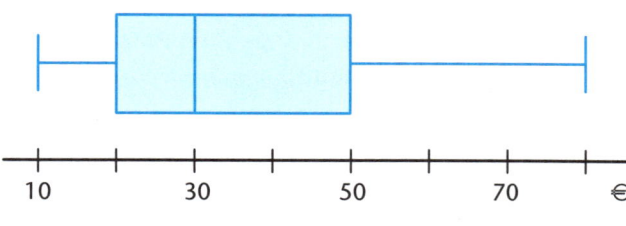

_____

_____

_____

15 Aralsee

Der Aralsee war ein großer, ab-
flussloser Salzsee in Kasach-
stan und früher der viertgrößte
Binnensee der Erde.
Vor etwa 60 Jahren begann der
See auszutrocknen. Mittler-
weile ist die Austrocknung so
stark fortgeschritten, dass der
Aralsee in mehrere Teile zer-
fallen ist. Das linke Bild zeigt
die Größe des Sees im Jahr
1960, das rechte Bild die Größe
im Jahr 2010.

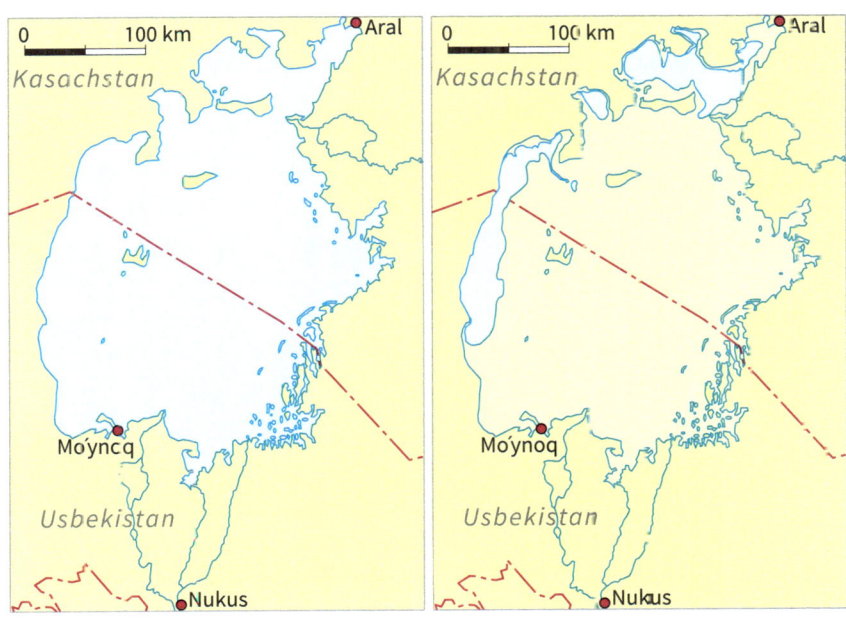

a) Bestimme näherungsweise
   die Fläche des Sees im Jahr
   1960.

b) Bestimme näherungsweise die Fläche des Sees im Jahr 2010.
   Wie viel Prozent seiner Größe von 1960 hatte der Aralsee zu diesem Zeitpunkt verloren?

16 Ernährung

Auf Lebensmittelverpackungen finden sich
zahlreiche Informationen für den Verbraucher.

1 Portion enthält:
Zucker 4,9 g*

*5,6 % der empfohlenen Tagesmenge eines Erwachsenen

a) Welche Tagesmenge Zucker wird empfohlen?

b) Welcher prozentuale Anteil der empfohlenen Tagesmenge an Zucker ist in folgendem Frühstück
   enthalten?
   (1) eine Scheibe Vollkorntoast mit Butter und Marmelade _____

   (2) zwei Scheiben Vollkorntoast mit Schokobrotaufstrich _____

   (3) ein Glas Kakaomilch _____

Lebensmittel	1 Portion sind:	Zuckergehalt pro Portion (in g)
Vollkorntoast	1 Scheibe	0,5
Butter	Butter für eine Scheibe Toast	0,5
Schokobrotaufstrich	Brotaufstrich für eine Scheibe Toast	10,0
Marmelade	Marmelade für eine Scheibe Toast	15,0
Kakaomilch	1 Glas	20,0

17 Gleichungen

Löse die Gleichungen. Überlege zuerst, ob du eine Lösungsformel brauchst.

(1) $(x + 3) \cdot (8 - 2x) = 0$
Lösungen:

_____

(2) $x^2 + 5x = 0$
Lösungen:

_____

(3) $3x^2 - 8 = 4$
Lösungen:

_____

(4) $2x^2 - 12x + 4 = 18$
Lösungen:

_____

18 Gebäude

Das Foto zeigt die Front einer Ausstellungshalle. In dem eingezeichneten Koordinatensystem lässt sich die Außenlinie im oberen Teil durch eine Parabel mit der Funktionsgleichung

$$y = -\frac{1}{9}x^2 + 18$$

beschreiben (x und y in Meter).

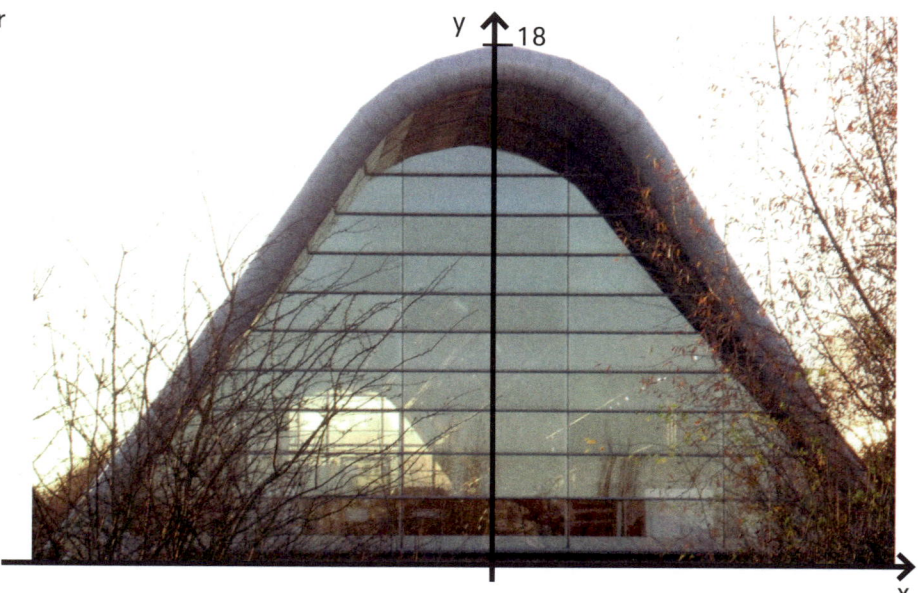

a) Gib die Höhe der Ausstellungshalle (in Meter) an. _____

b) Zeige, dass in einer Höhe von 9 m die Ausstellungshalle genau doppelt so breit wie hoch ist.

c) Berechne die Nullstellen der Parabel und beurteile damit, ob auch im unteren Teil der Außenlinie der Halle die Beschreibung durch diese Parabel geeignet ist.

19 Nerobergbahn

Seit mehr als 120 Jahren fährt in Wiesbaden die Nerobergbahn, die ausschließlich durch Schwerkraft einen Höhenunterschied von 83 m überwindet. Und das geht so: Der talwärts fahrende Wagen zieht den anderen Wagen nach oben. Das nötige Gewicht liefert das sogenannte Ballastwasser, das jeweils der nach unten fahrende Wagen in einem Tank mit sich führt.
Ermittle die Länge der roten Gleisstrecke von Nerotal nach Neroberg.

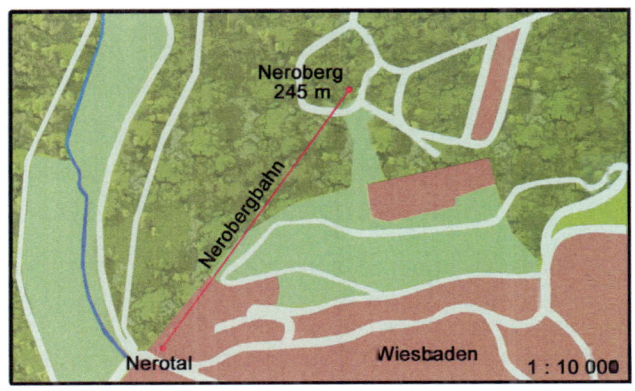

20 Felswand

Um die Höhe einer Felswand zu bestimmen (in der Zeichnung die Strecke $\overline{AF}$), wird diese von den zwei Punkten B und C, die 30 Meter voneinander entfernt sind, angepeilt.
Bestimme die Höhe der Felswand durch eine maßstäbliche Zeichnung und durch Berechnung.

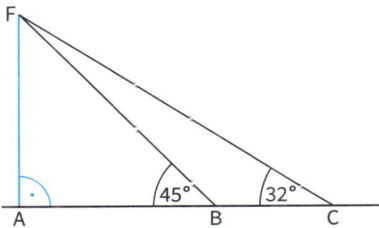

21 Maßänderungen

a) Richtig oder falsch? Korrigiere falsche Aussagen und begründe.

  (1) Verdreifacht man den Radius eines Kreises, verdreifacht sich auch der Umfang
  (2) Verdoppelt man den Radius eines Kreises, verdoppelt sich auch der Flächeninhalt.

b) Wie verändert sich das Volumen eines Kegels, wenn man seine Höhe und zugleich seinen Radius verdoppelt? Schreibe auf, wie du rechnest.

22 **Wucherzins**

Private Kredite können teuer werden. Rechts ist der Schuldenverlauf für einen Kredit von 5 000 € dargestellt.

a) Erstelle eine Wertetabelle für die ersten sechs Jahre. (Runde die Euro-Beträge.)

b) Berechne den Zinssatz, den der Kreditgeber verlangt.

c) Es wird nichts zurückgezahlt. Wie lange dauert es, bis die Schulden 30 000 € übersteigen?

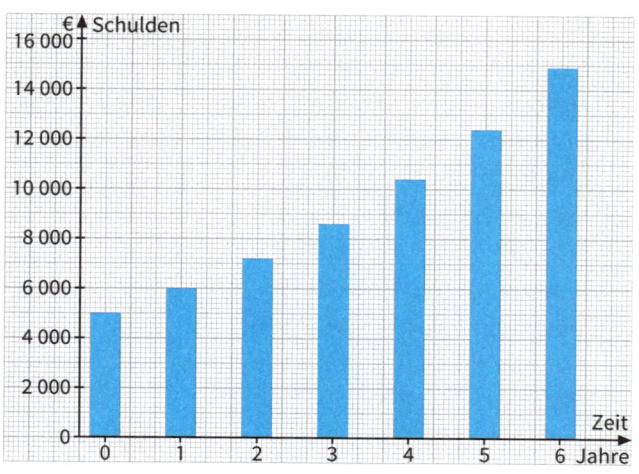

23 **Sonderpreis**

a) Kreuze an, mit welchen Methoden (1), (2) oder (3) der Mofapreis bei Barzahlung richtig berechnet wird.

☐ (1) Man berechnet 15 % von 1 500,– € und subtrahiert das Ergebnis von 1 500,– €.

☐ (2) Man berechnet 85 % von 1 500,– € und zieht noch 3 % des gesenkten Preises ab.

☐ (3) Den Preis bei Barzahlung kann man so berechnen: 1 500 € · 0,85 · 0,97.

b) Was kostet das Mofa bei Barzahlung?

Preis: _____

24 **Werkstück**

In ein zylindrisches Werkstück aus Messing (Dichte $\rho = 8{,}73\ \frac{g}{cm^3}$) sind zwei gleichgroße kegelförmige Vertiefungen gefräst.

a) Berechne die Masse des Werkstücks.

b) Berechne den Oberflächeninhalt des Werkstücks.

25 **Lustige Abfallbehälter**

In einem Ort auf Sardinien fordern diese bunten Behälter zur Mülltrennung auf.

a) Schätze folgende Größen:

Höhe h der Behälter (ohne „Kopf"): _____

Höhe k der Behälter (mit „Kopf"): _____

oberer Durchmesser d_o: _____

unterer Durchmesser d_u: _____

b) Entscheide und begründe, mit welchem der drei abgebildeten Körper sich das Volumen am besten abschätzen lässt.

(1)    (2)    (3)

26 **Kreise**

Hier siehst du eine Folge von Figuren, die aus blauen und weißen Kreisen bestehen.

Figur	1	2	3	4	5	6
Anzahl aller Kreise						
Anzahl der blauen Kreise						
Anzahl der weißen Kreise						

a) Skizziere die Figur 6 und fülle die Tabelle aus.

b) Begründe, dass die Anzahl der blauen Kreise in der n-ten Figur mit dem Term $3 \cdot n$ berechnet werden kann.

_____

_____

_____

_____

Die Anzahl aller Kreise in der Figur n kann mit dem Term $\frac{1}{2} \cdot (n + 2) \cdot (n + 1)$ berechnet werden.

c) Wie viele Kreise hat die Figur 15 insgesamt? _____

d) Wie viele weiße Kreise hat die Figur 20? _____

Teil C Zentrale Aufgaben

In diesem Teil deines Arbeitsbuches findest du die Original-Prüfungsarbeiten aus den letzten Jahren. Bearbeite mindestens eine dieser Arbeiten unter Prüfungsbedingungen, d. h. in der für jeden Prüfungsteil vorgeschriebenen Zeit und nur mit den zugelassenen Hilfsmitteln. Eine Formelsammlung findest du im Lösungsheft.

Im Jahr 2022 konnten die Lehrkräfte im Prüfungsteil 1 zwischen zwei Versionen (V1, V2) wählen. Diese unterscheiden sich in den ersten Aufgaben, während die letzten drei Aufgaben gleich sind. Damit ihr alles üben könnt, stellen wir euch zunächst die Aufgaben der Version 1 zur Verfügung. In Version 2 wurden statt der Aufgaben 1 bis 3 zwei andere Aufgaben gestellt. Diese findest du im Anschluss nach Aufgabe 6. Entscheide dich zunächst für eine der beiden Versionen V1 oder V2. Die zusätzlichen Aufgaben aus der anderen Version kannst du im Anschluss bearbeiten.

Zentrale Prüfung NRW Mittlerer Schulabschluss (MSA) 2022

Bearbeitungszeit: 1. Prüfungsteil 30 Minuten; 2. Prüfungsteil 90 Minuten

Prüfungsteil 1

Aufgabe 1 (V1)

Kreuze an.

	richtig	falsch
$10^{-1} > 10^{-2}$	☐	☒
$-4^2 = (-4)^2$	☒	☐
2^2 ist die Hälfte von 2^4	☐	☒

Aufgabe 2 (V1)

In dem abgebildeten Dreieck gilt: a = 22,4 cm und c = 25 cm.

a) Berechne die Länge der Seite b.

b) Berechne die Größe des Winkels α.

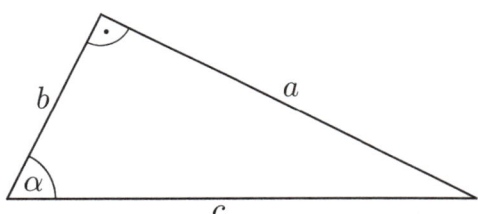

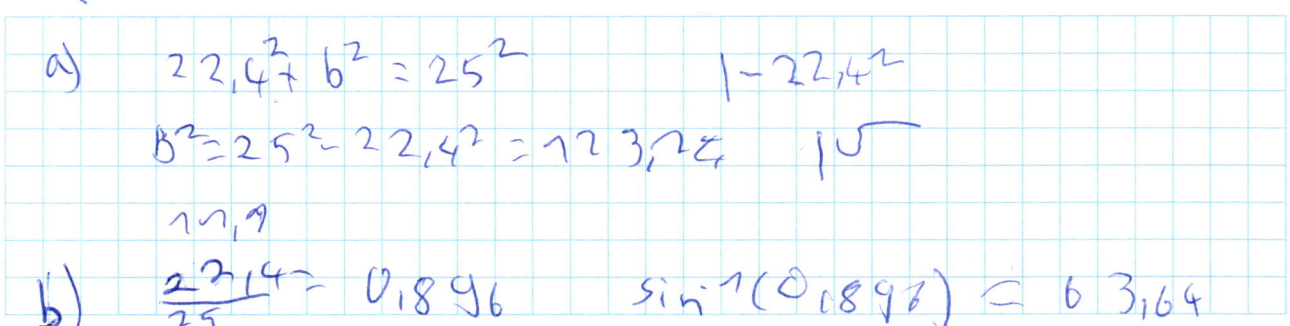

Quelle (Aufgaben): Qualitäts- und UnterstützungsAgentur – Landesinstitut für Schule, Soest 2022

Die Abbildungen S. 93 Aufgabe 1, S. 95 Aufgabe 2 (unten) weichen aus lizenzrechtlichen Gründen von der Darstellung in der Original-Prüfungsarbeit ab.

© Westermann

Aufgabe 3 (V1)

Löse das lineare Gleichungssystem. Notiere deinen Lösungsweg.

I $2x + 3y = 20$
II $-2x + 8y = 68$

$$3y = 20$$
$$8y = 68$$
$$11y = 88 \qquad |:11$$
$$y = 8$$

Aufgabe 4 (V1) bzw. Aufgabe 3 (V2)

Ergänze: $(2x +$  $)^2 = 4x^2 +$ 12xy $+ 9y^2$

Aufgabe 5 (V1) bzw. Aufgabe 4 (V2)

Der „General Sherman Tree" ist ein Riesen-mammutbaum und steht im US-Bundesstaat Kalifornien.
Bestimme näherungsweise den Durchmesser des Baumes in Schulterhöhe des Mannes.
Beschreibe dein Vorgehen.

$$4 \cdot 1,7 = 6,8$$

Aufgabe 6 (V1) bzw. Aufgabe 5 (V2)

Die Weltgesundheitsorganisation (WHO) empfiehlt eine körperliche Aktivität von mindestens 2,5 Stunden pro Woche.
Das Diagramm zeigt den Anteil der Männer und Frauen, die mindestens 2,5 Stunden pro Woche körperlich aktiv sind.

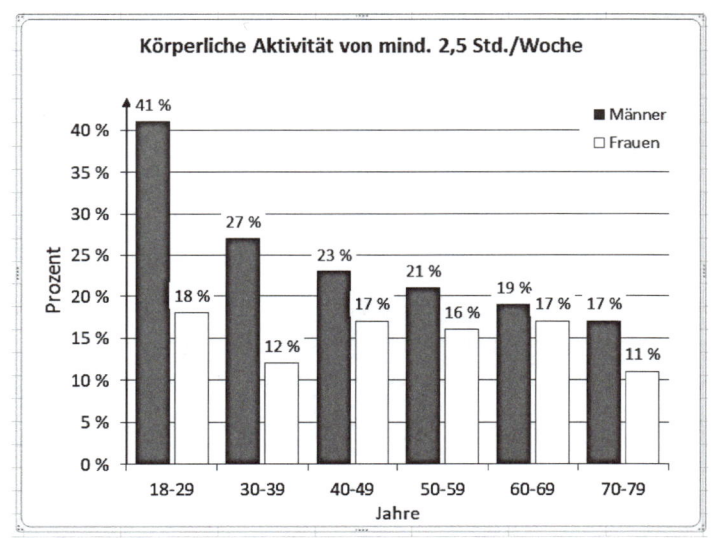

a) Entscheide mithilfe des Diagramms und kreuze an.

	trifft zu	trifft nicht zu
Bei den 30- bis 39-Jährigen ist der Anteil der Männer, die mindestens 2,5 Stunden/Woche körperlich aktiv sind, mehr als doppelt so groß wie bei den Frauen.	☒	☐
Der Anteil der Männer, die mindestens 2,5 Stunden/Woche körperlich aktiv sind, ist in jeder Altersgruppe höher als der Anteil der Frauen der gleichen Altersgruppe.	☒	☐
Je älter Frauen werden, desto weniger entspricht ihre körperliche Aktivität der Empfehlung der WHO.	☐	☒

b) In der Gruppe der 18- bis 29-Jährigen gaben 123 Männer an, dass sie mindestens 2,5 Stunden pro Woche körperlich aktiv sind.
Berechne, wie viele Männer in dieser Altersgruppe befragt wurden.

ungefähr 300 weil 177 59 % von 300 sind + 123 sind 300.

Aufgabe 1 (V2)

Wandle jeweils in die angegebene Größe um:

2,25 h = _1̶3̶5̶_ min;

1 238,6 g = _1,238,6_ kg;

0,12 m³ = _1̶2̶8̶2̶_ ℓ

Aufgabe 2 (V2)

Gegeben ist der Funktionsgraph einer linearen Funktion.

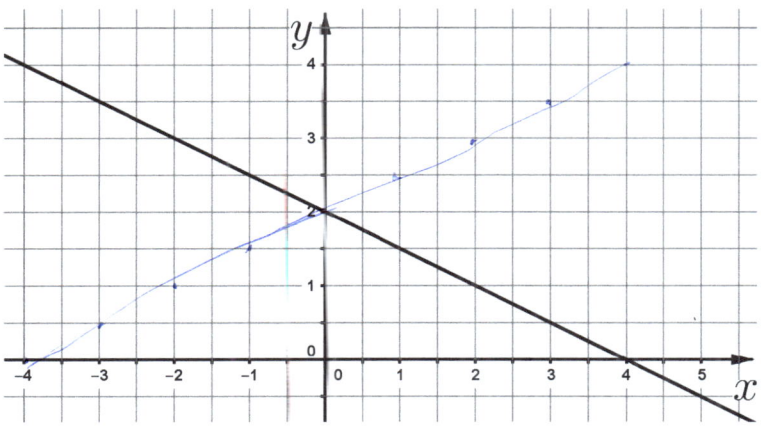

a) Ergänze in der Wertetabelle die fehlenden Werte.

x	−2	0	1	2
y	3	2	1,5	1

b) Bestimme die zugehörige Funktionsgleichung: y = $-0,5x + 2$

c) Die Gerade soll an der y-Achse gespiegelt werden. Zeichne die gespiegelte Gerade in das Koordinatensystem ein.

Prüfungsteil 2

Aufgabe 1: Rösti

Ein Unternehmen stellt nach eigenem Rezept aus Kartoffeln sogenannte Rösti her (Abbildung 1 und 2). Dazu wird der Teig in eine zylindrische Form gegossen (Abbildung 3) und anschließend gebacken. Für ein Rösti benötigt man 100 g Teig.

a) Zeige rechnerisch, dass aus der Teigmenge eines Rezeptes sieben Rösti hergestellt werden können (Abbildung 2).

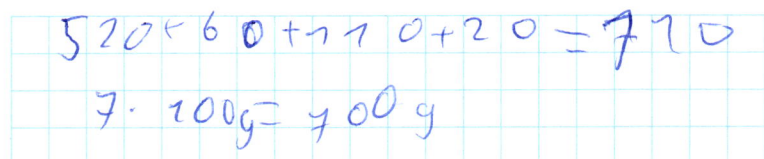

$$520 + 60 + 110 + 20 = 710$$
$$7 \cdot 100g = 700 g$$

b) 100 g Teig haben ein Volumen von 81 cm³.
Berechne, wie viel Gramm ein Kubikzentimeter Teig wiegt.

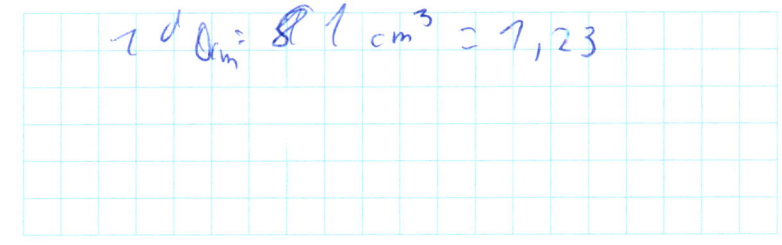

$$1 \text{ } cm^3 = 81 \text{ } cm^3 = 1,23$$

Abbildung 1: Rezept für Rösti-Teig

Rezept für Rösti-Teig
520 g geriebene Kartoffeln
1 Ei (ca. 60 g)
110 g Paniermehl
20 g Gewürze

Abbildung 2: Rezept für Rösti-Teig

Abbildung 3: zylindrische Form

c) Ein Rösti soll 2 cm dick sein und ein Volumen von 81 cm³ haben.
    Zeige, dass die zylindrische Form einen Durchmesser von ca. 7,2 cm haben muss.

d) Das Unternehmen möchte zusätzlich Mini-Rösti herstellen. Ein Mini-Rösti soll auch 2 cm dick sein,
    aber nur das halbe Volumen haben.
    Ein Mitarbeiter behauptet: „Für ein Mini-Rösti brauchen wir eine Form mit halbem Durchmesser!"
    Hat er recht? Begründe deine Entscheidung.

Bevor die Rösti verpackt werden, wird zuerst das Gewicht und dann das Aussehen kontrolliert.
Alle Rösti, deren Gewicht oder deren Aussehen nicht der Vorgabe entsprechen, werden aussortiert.
Das Baumdiagramm zeigt die Anteile. Die Anteile werden im Folgenden als Wahrscheinlichkeiten gedeutet.

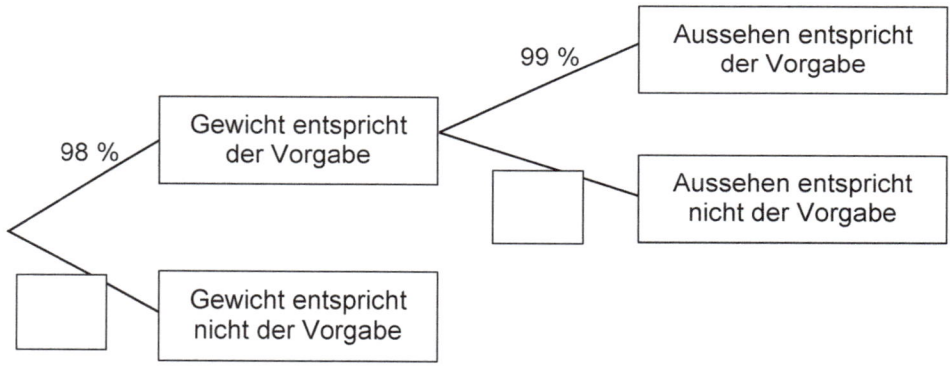

e) Ergänze die fehlenden Angaben im Baumdiagramm.

f) Berechne, wie viel Prozent der Rösti insgesamt den Vorgaben entsprechen.

g) Das Unternehmen kontrolliert an einem Tag 10 000 Rösti.
    Wie viele Rösti werden vermutlich aussortiert, weil sie nicht den Vorgaben entsprechen?
    Notiere deine Rechnung.

Aufgabe 2: Wassermelonen

Für ein Schulprojekt beschäftigt sich Sinja mit der Form und dem Wachstum von Wassermelonen.

Sinja hat eine nahezu kugelförmige Wassermelone gekauft, die einen Durchmesser von ca. 25 cm hat (Abbildung 1).

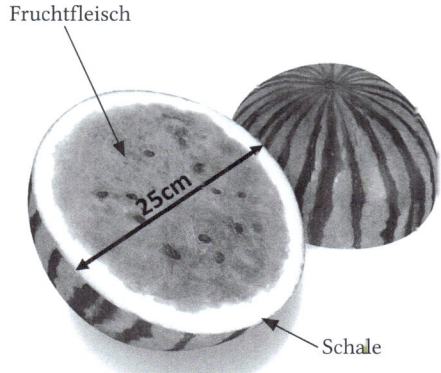

Fruchtfleisch

Schale

Abbildung 1:
aufgeschnittene Wassermelone

a) Zeige rechnerisch, dass diese Wassermelone ein Volumen von $V \approx 8\,200$ cm^3 hat.

b) Die Schale der Wassermelone hat eine Dicke von 1,5 cm (Abbildung 1).
Berechne den prozentualen Anteil des Fruchtfleisches an der ganzen Wassermelone.

Sinja entdeckt würfelförmige Wassermelonen, die in Japan verkauft werden (Abbildung 2).

c) Eine würfelförmige Wassermelone hat ebenfalls ein Volumen von $V = 8\,200$ cm^3.
Bestätige durch eine Rechnung, dass diese Wassermelone eine Kantenlänge von ca. 20,2 cm hat.

Abbildung 2:
würfelförmige Wassermelone

d) Entscheide durch eine Rechnung, ob die kugelförmige oder die würfelförmige Wassermelone eine größere Oberfläche hat.

Wassermelonen verdoppeln ihr Gewicht pro Woche unter idealen Wachstumsbedingungen. Sinja überlegt, wie sich das Gewicht einer 400 g schweren Wassermelone unter idealen Bedingungen voraussichtlich entwickelt. Sie erstellt dazu eine Tabelle.

Beobachtungswoche	0	1	2	...
Gewicht	400	800	1 600	...

e) Berechne das Gewicht der Wassermelone nach 4 Wochen.

f) Sinja behauptet: „Der Graph in Abbildung 3 beschreibt das Wachstum dieser Wassermelone."
Hat Sinja recht? Begründe deine Entscheidung.

_____

_____

_____

_____

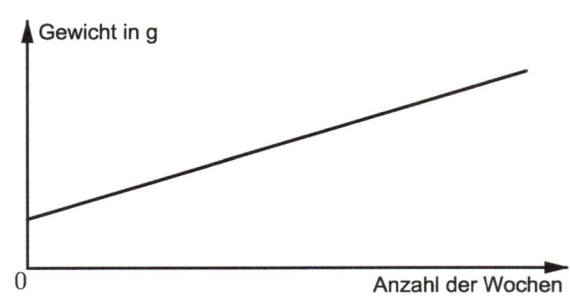

Abbildung 3: Graph zum Wachstum der Wassermelone

Aufgabe 3: Parabel und Rechteck

Julia zeichnet mithilfe einer Geometriesoftware die Parabel f mit der Funktionsgleichung $f(x) = -0{,}5x^2 + 5{,}5$ in ein Koordinatensystem (Abbildung 1).

a) Bestätige durch eine Rechnung, dass der Punkt $A_1(3|1)$ auf der Parabel f liegt.

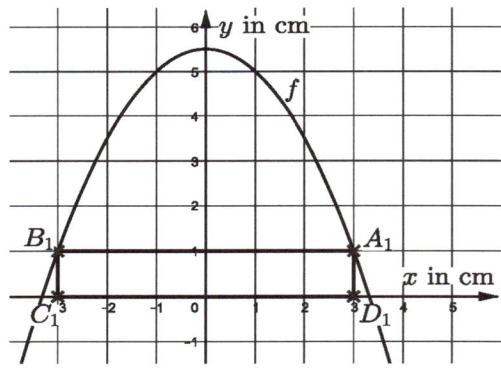

Abbildung 1: Parabel f und Rechteck $A_1B_1C_1D_1$

b) Begründe mit den Eigenschaften dieser Parabel, dass der Punkt $B_1(-3|1)$ ebenfalls auf dem Graphen von f liegt.

_____

_____

_____

c) Die Punkte C_1 und D_1 liegen auf der x-Achse und bilden mit den Punkten A_1 und B_1 das Rechteck $A_1B_1C_1D_1$.
Berechne den Umfang dieses Rechtecks.

Ausgehend von anderen Punkten auf der Parabel f kann man auf die gleiche Art weitere Rechtecke zeichnen.

d) (1) Zeichne den Punkt $A_2(1\,|\,5)$ in Abbildung 1 ein.
(2) Ergänze die drei weiteren Punkte B_2, C_2 und D_2 und verbinde die vier Punkte zu dem Rechteck $A_2B_2C_2D_2$.

Mit dem Term (I) kann man den Umfang für jedes dieser Rechtecke berechnen

$$(I)\ 2 \cdot 2x + 2 \cdot (-0,5x^2 + 5,5).$$

Dabei ist $x > 0$ und steht für die x-Koordinate des zum Rechteck gehörenden Punktes A_1, A_2 usw.

e) Berechne mit dem Term (I) den Umfang des Rechtecks, das durch den Punkt $A_2(1\,|\,5)$ festgelegt ist.

Julia vereinfacht den Term (I) zu (II) $-x^2 + 4x + 11$.

f) Zeige durch Termumformungen, dass die beiden Terme (I) und (II) gleichwertig sind.

g) Julia stellt die folgende Gleichung auf:

$$-x^2 + 4x + 11 = 14,75$$

(1) Löse die Gleichung.
(2) Erkläre das Ergebnis in Bezug auf die Rechtecke unter der Parabel f.

Beachte: 2020 fand aufgrund der Corona-Pandemie keine Zentrale Prüfung statt. Im Jahr 2021 konnten die Lehrkräfte im Prüfungsteil I zwischen zwei Versionen (V1, V2) wählen. Diese unterschieden sich in drei Aufgaben. Damit ihr alles üben könnt, stellen wir euch alle Aufgaben zur Verfügung. Entscheide dich zunächst für eine der beiden Versionen V1 oder V2. Die drei zusätzlichen Aufgaben aus der anderen Version kannst du im Anschluss bearbeiten.

Zentrale Prüfung NRW Mittlerer Schulabschluss (MSA) 2021

Bearbeitungszeit: 1. Prüfungsteil 30 Minuten; 2. Prüfungsteil 90 Minuten

Prüfungsteil I

Aufgabe 1 (V1 und V2)

Schätze: Wie viele Röhrchen sind im markierten Teil des Insektenhotels zu sehen?
Beschreibe, wie du vorgegangen bist.

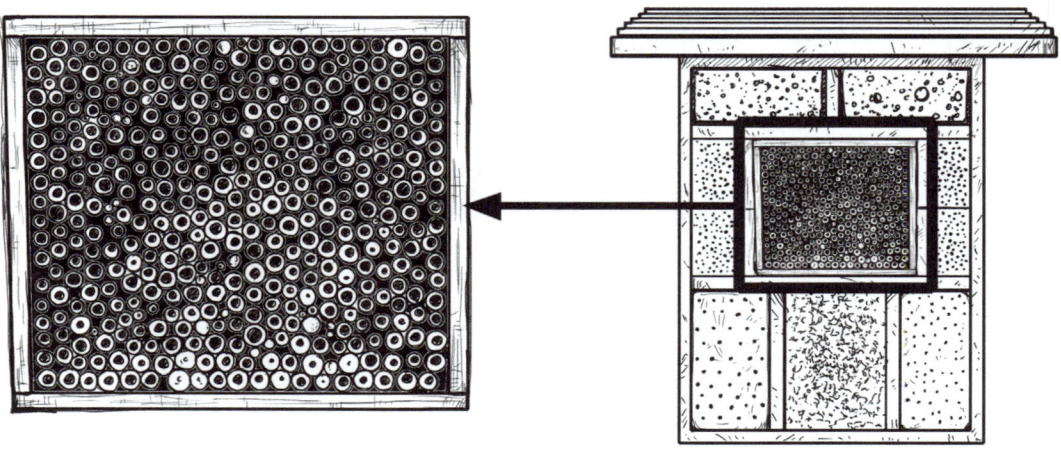

_____

_____

_____

Aufgabe 2 (V1)

Rechne die Größen in die angegebene Einheit um.

2,5 h = _____ Sekunden;   1296 cm = _____ Meter;   50 g = _____ Kilogramm

Aufgabe 2 (V2)

Ordne der Größe nach. Beginne mit der kleinsten Zahl: $\frac{2}{10}$ 0,15 10^{-1} 0,05

_____ < _____ < _____ < _____

Quelle (Aufgaben): Qualitäts- und UnterstützungsAgentur – Landesinstitut für Schule, Soest 2021

Die Abbildungen S. 98 Aufgabe 1, S. 101 Aufgabe 1 weichen aus lizenzrechtlichen Gründen von der Darstellung in der Original-Prüfungsarbeit ab.

© Westermann

Aufgabe 3 (V1)

Eine Pyramide aus Holz hat eine quadratische Grundfläche mit der Seitenlänge 15 cm und eine Höhe von 24 cm.
Berechne das Volumen und das Gewicht der Pyramide, wenn 1 cm³ Holz 0,8 g wiegt.

Aufgabe 3 (V2)

Herr Celik hat einen alten LKW gekauft.

a) Berechne das Volumen des quaderförmigen Laderaums.

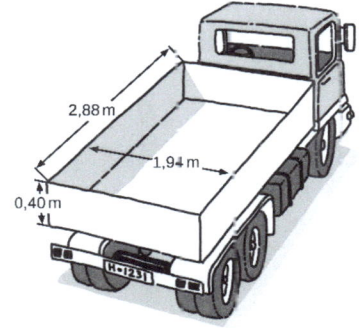

b) Der Boden und die inneren Seitenwände des Laderaums müssen neu lackiert werden. Die Kosten für das Lackieren betragen 39 € pro angefangenen Quadratmeter (m²).
Berechne den Preis der neuen Lackierung

Aufgabe 4 (V1)

a) Ordne die rechts abgebildeten Funktionsgraphen von f, g und h den angegebenen Gleichungen zu.

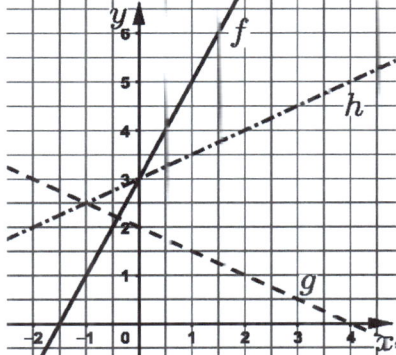

| f |
| g |
| h |

| y = −0,5x + 2 |
| y = 0,5x + 3 |
| y = 2x + 3 |

b) Gib eine lineare Gleichung an, die zu folgender Wertetafel passt:

x	0	1	2
y	2	3,5	5

y = _____

Aufgabe 4 (V2)

a) Löse das lineare Gleichungssystem. Notiere deinen Lösungsweg.

    I. $6x - 4y = -26$

    II. $2x + 4y = 2$

b) Ergänze den fehlenden Wert in Gleichung I so, dass das angegebene Gleichungssystem keine Lösung hat. Begründe deine Entscheidung.

    I. $y = \underline{\hspace{1cm}} x - 7$

    II. $y = 3x + 5$

Aufgabe 5

Am 1. Juli 2020 wurde in Deutschland befristet die Mehrwertsteuer (= MwSt.) von 19 % auf 16 % gesenkt. Herr Meyer hat ein Geschäft für Bekleidung und hat die Senkung der Mehrwertsteuer an seine Kunden weitergegeben. Dafür hat er eine Excel-Tabelle angelegt:

	A	B	C	D	E
1	Produkt	Preis ohne MwSt.	Preis mit 19 % MwSt.	Preis mit 16 % MwSt.	Ersparnis in €
2	T-Shirt	7,52	8,95	8,72	0,23
3	Pullover	11,72	13,95	13,60	0,35
4	Kapuzenpullover	33,57			1,01

a) Ergänze die fehlenden Werte in Zeile 4 für den Kapuzenpullover.

b) Der Wert welcher Zelle lässt sich mit der Formel „=B3*1,19−B3*1,16" berechnen?

    Gib die Zelle an.   Zelle _____

c) Herr Meyer stellt fest: „Obwohl die Mehrwertsteuer um 3 % abgesenkt wurde, betrug die Ersparnis für den Kunden nicht 3 %."
Begründe durch eine Rechnung, dass diese Aussage zutrifft.

Prüfungsteil II

Aufgabe 1: Glaskugel

Ein Unternehmen stellt lackierte Glaskugeln her (Abbildung 1).
Die Glaskugeln haben einen Durchmesser von 8 cm.

Abbildung 1: Glaskugel

a) Berechne das Volumen einer Glaskugel.

Nach der Herstellung der Form wird die Kugeloberfläche lackiert. Mit einem Liter Farbe kann eine Fläche von 12 m² lackiert werden.

b) Berechne, wie viele Glaskugeln mit einem Liter Farbe lackiert werden können.

c) Ein Praktikant behauptet: „Für eine Glaskugel mit doppeltem Durchmesser benötigt man auch doppelt so viel Farbe."
Hat der Praktikant recht? Begründe.

Bevor die lackierten Glaskugeln verpackt werden, durchlaufen sie eine Qualitätskontrolle. Zuerst wird die Form, danach die Lackierung auf Fehler kontrolliert. Alle Glaskugeln mit einem Fehler werden direkt aussortiert. Das Baumdiagramm zeigt die Anteile. Die Anteile werden im Folgenden als Wahrscheinlichkeiten gedeutet.

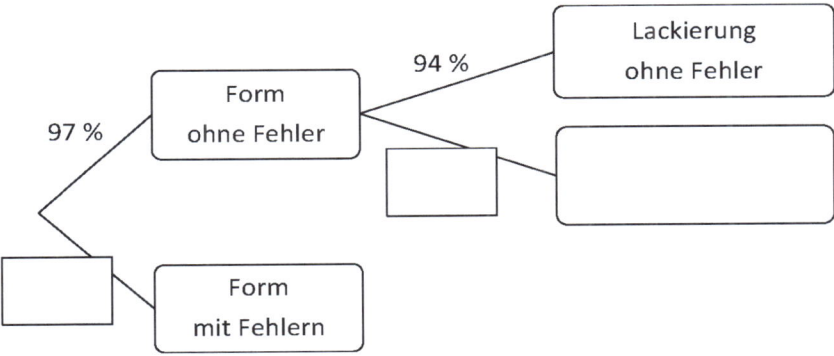

d) Ergänze die drei fehlenden Angaben im Baumdiagramm.

e) Begründe, warum der untere Ast des Baumdiagramms nicht fortgeführt ist.

f) Insgesamt werden 2000 Glaskugeln kontrolliert.
Berechne, wie viele fehlerfreie Glaskugeln zu erwarten sind.

Aufgabe 2: Blobbing

Blobbing ist eine Wassersportart im Freien (Abbildung 1). Eine vereinfachte Darstellung des Ablaufs ist in Abbildung 2 dargestellt. Beim Blobbing liegt ein mit Luft gefülltes Kissen im Wasser.

Abbildung 1: Ablauf eines Blobbing-sprunges als überlagerte Aufnahme

(1) Der *Jumper* springt vom Turm auf das Luftkissen.

(2) Auf der anderen Seite des Kissens ist der *Blobber*. Durch den Sprung befördert der *Jumper* den *Blobber* in die Luft.

(3) Der *Blobber* wird in die Luft geschleudert und landet dann im Wasser.

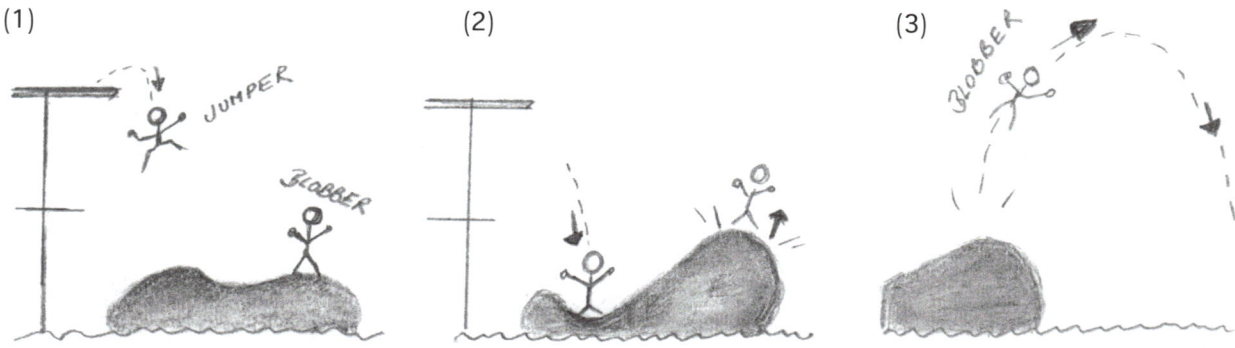

Abbildung 2: Vereinfachte Darstellung des Blobbing-Ablaufs (nicht maßstabsgetreu)

Der *Jumper* kann zwischen verschiedenen Absprunghöhen wählen. Ein Sprung aus fünf Meter Höhe dauert ca. 1 Sekunde. Ein Sprung aus zehn Meter Höhe dauert ca. 1,42 Sekunden.

Absprung-höhe	Sprung-dauer
0 m	0 s
3 m	0,77 s
5 m	1 s
10 m	1,42 s
15 m	1,75 s

Tabelle 1: Sprungdauer in Abhängigkeit von der Absprunghöhe

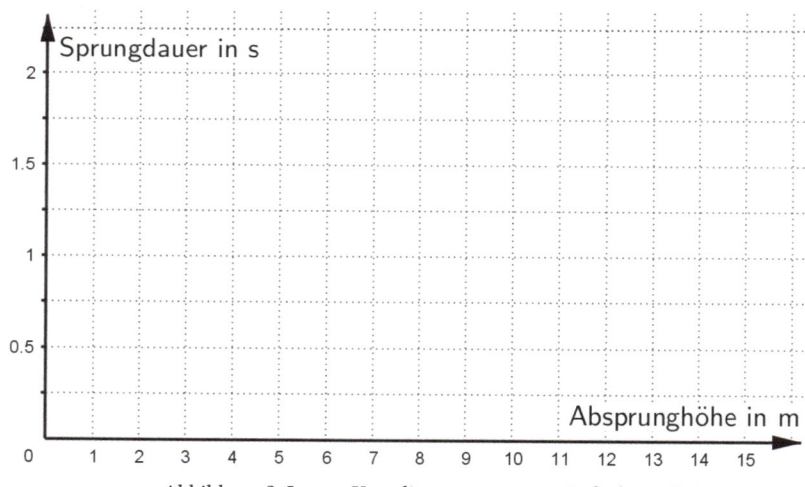

Abbildung 3: Leeres Koordinatensystem zu Aufgabenteil a)

a) Skizziere zu den Werten aus Tabelle 1 den passenden Graphen in dem abgebildeten Koordinatensystem (Abbildung 3).

b) Überprüfe, ob es zwischen der Absprunghöhe und der Sprungdauer einen linearen Zusammenhang gibt. Notiere deinen Lösungsweg.

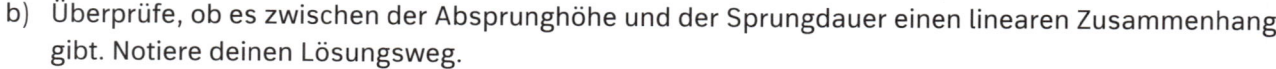

Abbildung 4 zeigt die Flugbahn eines *Blobbers* A.

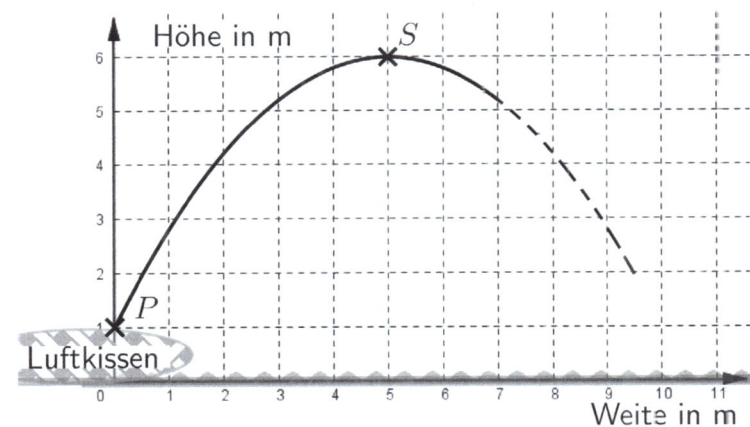

c) Begründe mithilfe der Abbildung 4, dass sich die Funktion f mit
$f(x) = a \cdot (x - 5)^2 + 6$ und $a < 0$
zur Modellierung der Flugbahn von *Blobber* A eignet.

Abbildung 4: Flugbahn des Blobbers A

d) Zeige durch eine Rechnung, dass der Streckfaktor a hier $a = -0,2$ beträgt.

Die Flugbahn von *Blobber* A kann somit durch die Funktion f mit $f(x) = -0,2 \cdot (x - 5)^2 + 6$ beschrieben werden.

e) Die Funktionsgleichung g mit
$g(x) = -0,2 \cdot x^2 + 2x + 1$
beschreibt dieselbe Flugbahn.
Zeige durch Termumformungen, dass die Funktionsgleichungen von f und g dieselbe Parabel beschreiben.

f) Berechne, wie weit *Blobber* A geflogen ist.

g) Die Flugbahn eines zweiten *Blobbers* B wird mit der Funktion h mit $h(x) = -0,28 \cdot (x - 5)^2 + 6$ beschrieben.
Nenne *eine* Gemeinsamkeit und *einen* Unterschied der Flugbahn des zweiten *Blobbers* B im Vergleich zur Flugbahn von *Blobber* A.

Aufgabe 3: Muster

Jan möchte ein Muster aus rechtwinkligen gleichschenkligen Dreiecken konstruieren. Er beginnt mit dem Dreieck D_1 (Abbildung 1).

a) Zeige mit einer Rechnung, dass die Länge der Hypotenuse von Dreieck D_1 ca. 4,243 cm beträgt.

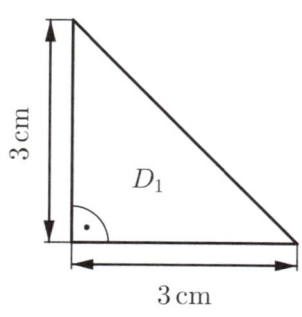

Abbildung 1: Dreieck D_1

Jan setzt das Muster mit den beiden weiteren Dreiecken D_2 und D_3 fort (Abbildung 2).

b) Ergänze das Dreieck D_4 zeichnerisch in Abbildung 2. Beschreibe, wie du vorgegangen bist.

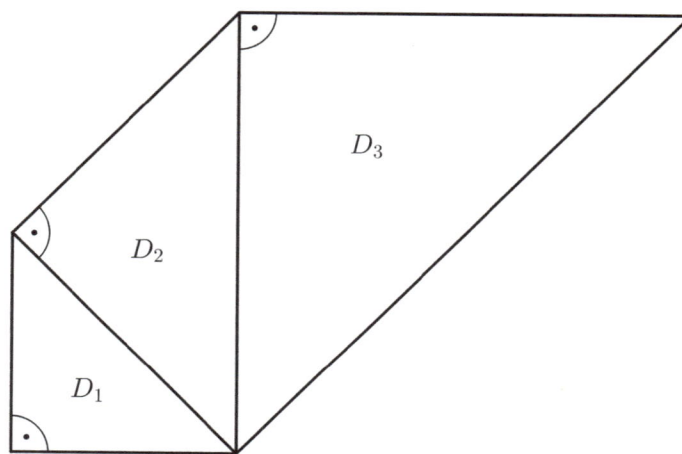

Abbildung 2: Muster bis Dreieck D_3 zu Teilaufgabe b) – d)

c) Jan kann nur acht Dreiecke zeichnen, ohne dass die Dreiecke sich überschneiden. Begründe dies mithilfe der Winkel.

_____

_____

_____

d) Zeige rechnerisch, dass der Flächeninhalt von Dreieck D_2 doppelt so groß ist wie der Flächeninhalt von Dreieck D_1.

Jan berechnet weitere Flächeninhalte der Dreiecke in seinem Muster (Abbildung 3) und hält die Ergebnisse in einer Tabelle fest.

Dreieck	D_1	D_2	D_3	D_4	D_5	...
Flächeninhalt (in cm²)	4,5	9	18	36	72	...

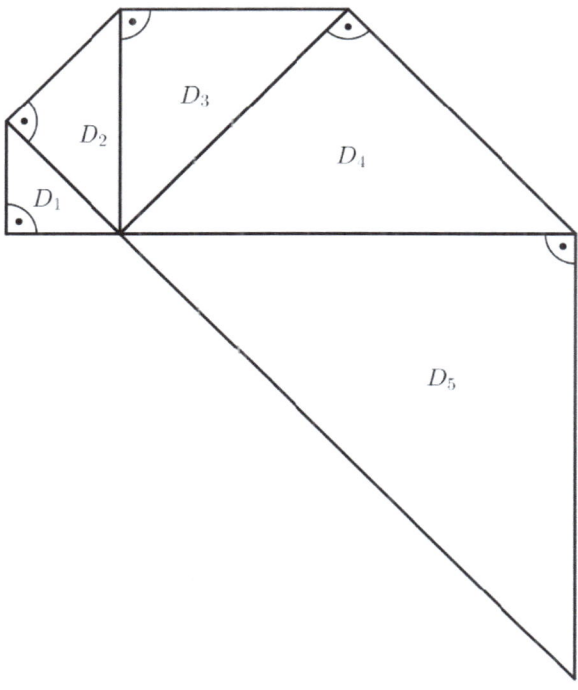

Abbildung 3: Muster bis Dreieck D_5 verkleinert dargestellt

e) Begründe, dass kein Dreieck in dem Muster einen Flächeninhalt von genau 250 cm² hat.

f) Jan möchte das Muster aus Papier herstellen. Dazu schneidet er die einzelnen Dreiecke aus DIN-A4-Blättern (21 cm x 29,7 cm) aus. Jan behauptet: „Auch das Dreieck D_8 kann ich aus einem einzigen DIN-A4-Blatt ausschneiden."
Entscheide begründet, ob Jans Behauptung zutrifft.

Zentrale Prüfung NRW Mittlerer Schulabschluss (MSA) 2019

Bearbeitungszeit: 1. Prüfungsteil 30 Minuten; 2. Prüfungsteil 90 Minuten

Prüfungsteil I

Aufgabe 1

Ordne die Zahlen der Größe nach. Beginne mit der kleinsten Zahl.

$\frac{6}{10}$ $-0,626$ $-6,26$ $\frac{1}{6}$

_____ < _____ < _____ < _____

Aufgabe 2

Ein Rechteck hat die Seitenlängen a = 5 cm und b = 3 cm.

a) Berechne die Länge der Diagonalen d.

_____

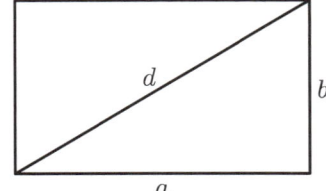

b) Wie verändert sich der Flächeninhalt dieses Rechtecks, wenn man jede
    Seitenlänge verdoppelt? Begründe.

_____

_____

c) Ein anderes Rechteck hat einen Flächeninhalt von 24 cm².
    Wie lang könnten die Seiten sein? Gib zwei unterschiedliche Möglichkeiten an.

_____

_____

Aufgabe 3

Isabelle zeichnet mit einer Geometriesoftware den
Graphen f einer quadratischen Funktion mit:
$f(x) = x^2 + c$. Sie erstellt einen Schieberegler,
mit dem sie den Wert für c verändern kann.

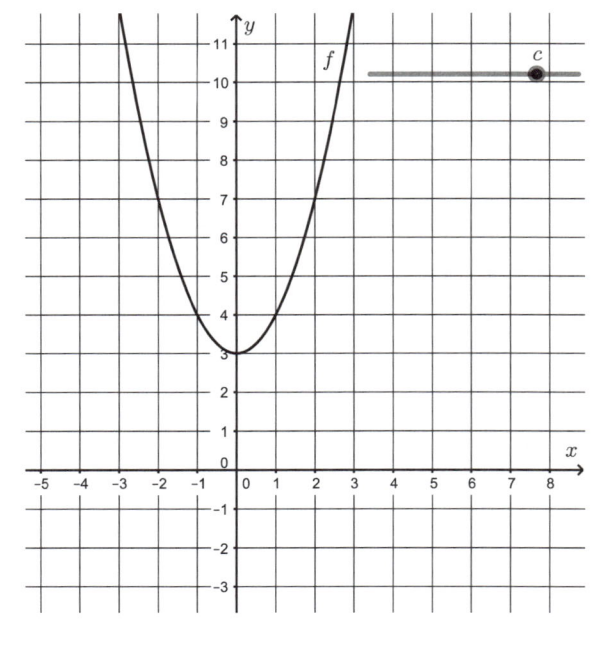

a) Der Schieberegler zeigt den Wert für c nicht an.
    Gib den Wert für c an.

_____

b) Für welche Werte von c verläuft der Graph f
    vollständig oberhalb der x-Achse?
    Gib den Bereich für c an.

_____

Quelle (Aufgaben): Qualitäts- und UnterstützungsAgentur – Landesinstitut für Schule, Soest 2019

Aufgabe 4

Tarek plant Urlaub in einer Jugendherberge. Mit einer Tabellenkalkulation berechnet er die Kosten für die Jugendherberge.

	A	B	C
1	**Kosten für die Jugendherberge**		
2	Anzahl der Nächte	7	
3			
4		*Preis pro Nacht in €*	*Preis für 7 Nächte in €*
5	Übernachtung	18,00	126,00
6	Frühstück	4,00	28,00
7	Abendessen	6,00	42,00
8	Tourismussteuer (5 % vom Übernachtungspreis)	0,90	6,30
9			
10	Gesamtkosten in €		202,30

Abbildung: Tabellenblatt zur Berechnung der Kosten für die Jugendherberge

a) Kreuze jeweils an, ob die Formel in diesem Zusammenhang geeignet ist, den Wert in Zelle C8 zu berechnen.

Formel	geeignet	nicht geeignet
=B5/3	☐	☐
=B8*B2	☐	☐
=C10–(C5+C6+C7)	☐	☐

b) Tarek möchte Geld sparen und deshalb kein Abendessen buchen. Berechne, wie viel Prozent von den Gesamtkosten er dann spart.

Aufgabe 5

Löse das lineare Gleichungssystem. Notiere deiner Lösungsweg.

I. $4x + y = 16$

II. $-2x - 2y = 4$

Prüfungsteil II

Aufgabe 1: Kaugummiautomat

Steffi hat zum Geburtstag einen Kaugummiautomaten und eine Tüte mit Kaugummikugeln bekommen (Abbildung 1).

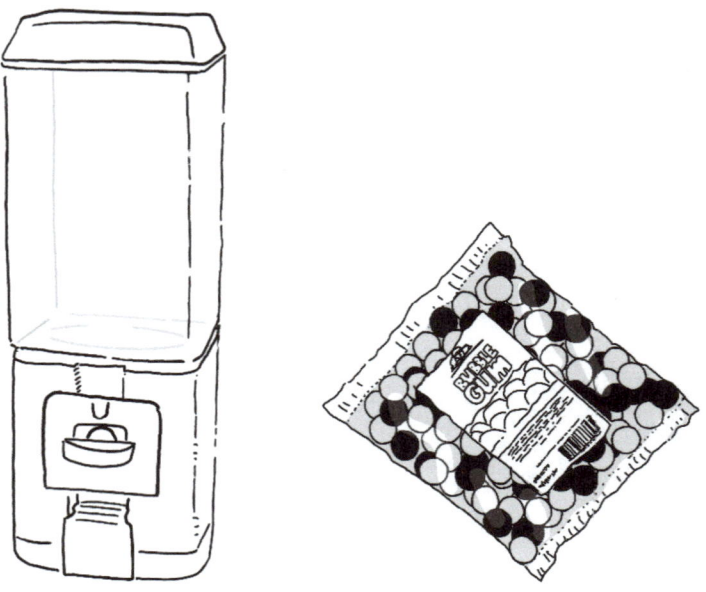

Abbildung 1: Kaugummiautomat und Tüte mit Kaugummikugeln

a) Eine Kaugummikugel hat einen Durchmesser von 14 mm.
   Bestätige durch eine Rechnung, dass das Volumen einer Kaugummikugel ca. 1,44 cm³ beträgt.

b) 1 cm³ Kaugummimasse wiegt 0,82 g.
   Berechne, wie viele Kaugummikugeln in einer 300-Gramm-Packung sind.

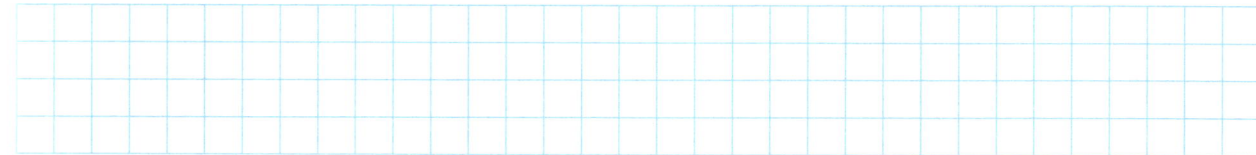

c) Der Behälter für die Kaugummikugeln ist 16,5 cm breit, 16,5 cm tief und 42,5 cm hoch.
   Steffi möchte wissen, wie viele Kaugummikugeln in den Behälter passen und rechnet
   (16,5 · 16,5 · 42,5) : 1,44 ≈ 8 035.
   Erkläre Steffis Rechnung und beurteile, ob Steffis Rechnung geeignet ist, die Anzahl der Kaugummikugeln in der Realität zu berechnen.

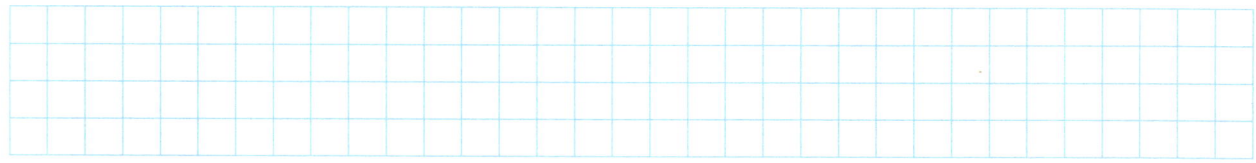

Steffi füllt eine Mischung aus 8 roten und 12 weißen Kaugummikugeln in den Automaten. Durch Drehen am Automaten erhält man zufällig eine rote oder eine weiße Kaugummikugel.

d) Begründe, dass die Wahrscheinlichkeit, beim ersten Drehen eine rote Kaugummikugel zu erhalten, $\frac{2}{5}$ beträgt.

e) Das Baumdiagramm (Abbildung 2) zeigt die Wahrscheinlichkeiten, beim ersten und zweiten Drehen eine rote oder weiße Kaugummikugel zu erhalten.
   Ergänze die fehlenden Einträge im Baumdiagramm.

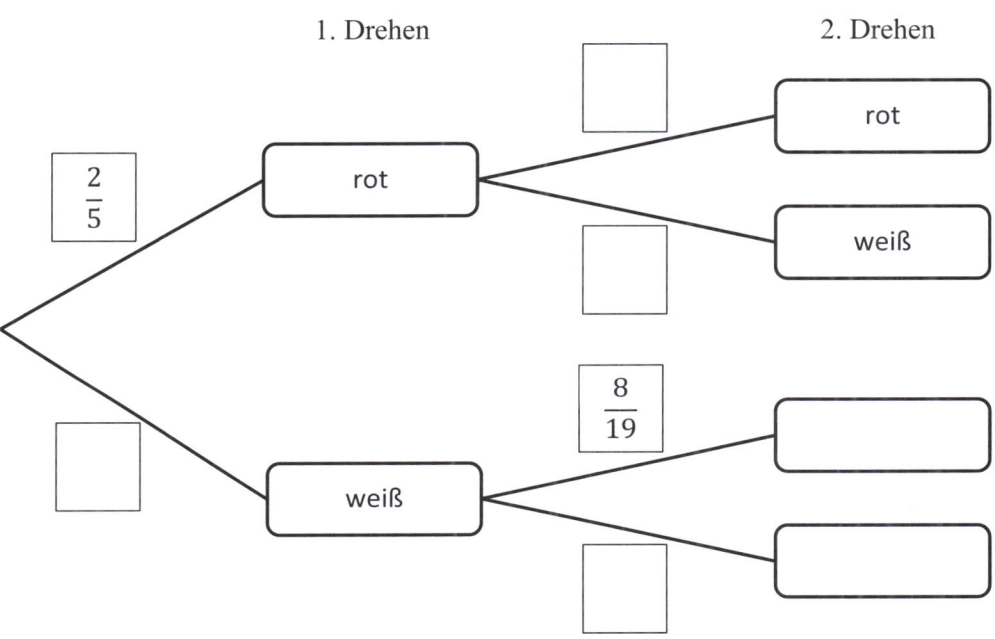

Abbildung 2: Baumdiagramm für zweimaliges Drehen

f) Steffis Bruder behauptet: „Die Wahrscheinlichkeit, zwei verschiedenfarbige Kaugummikugeln zu erhalten, ist kleiner als 50 %."
   Hat er recht? Überprüfe mit einer Rechnung.

Aufgabe 2: Schwimmbecken

Familie Sommer hat ein Schwimmbecken gekauft
(Abbildung 1).
Das Schwimmbecken ist 1,50 m hoch und hat ein
Volumen von 14,43 m³.

a) Bestätige durch eine Rechnung, dass der
   Flächeninhalt der Grundfläche des
   Schwimmbeckens 9,62 m² beträgt.

b) Das Becken wird bis 20 cm unterhalb des
   Randes mit Wasser gefüllt.
   Berechne, wie viele Liter Wasser in das
   Becken gefüllt werden.

Abbildung 1: Schwimmbecken

c) Das Becken steht auf einer quadratischen
   Terrasse, die an zwei Seiten jeweils 80 cm
   übersteht (Abbildung 2).
   Bestimme rechnerisch die Maße der Terrasse.

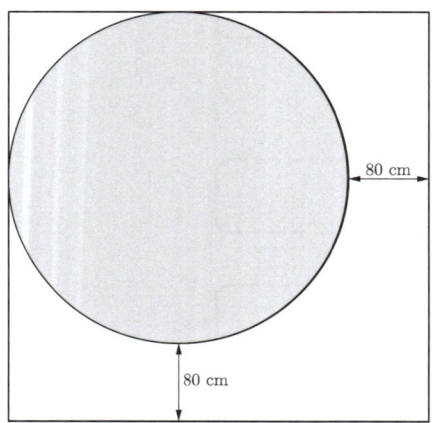

Abbildung 2: Skizze des Schwimmbeckens
auf der Terrasse

Familie Sommer fährt in den Urlaub. In dieser Zeit wachsen Algen auf der Wasseroberfläche des
Schwimmbeckens. Am Tag der Abreise bedecken die Algen schon ca. 0,5 m² der Wasseroberfläche
und vermehren sich täglich um 20 %. Das Wachstum der Algen auf der Wasseroberfläche kann mit
der folgenden Exponentialfunktion f beschrieben werden:

$f(x) = 0,5 \cdot 1,2^x$ x ist die Zeit in Tagen; x = 0 ist der Tag der Abreise

d) Erläutere die Bedeutung der Werte 0,5 und 1,2 sowie die Bedeutung von f(x) im Zusammenhang mit
   dem Wachstum der Algen.

e) Berechne, wie viele Quadratmeter der Wasseroberfläche nach 6 Tagen bedeckt sind.

f) Das Algenwachstum lässt sich mit der Funktionsgleichung nur für einen begrenzten Zeitraum
   darstellen.
   Erkläre, warum dies so ist.

Aufgabe 3: Würfel

Monya und Paul haben eine Kiste mit 500 gleichen Würfeln. Mit 3 Würfeln legen sie Figur 1 und erweitern diese Figur schrittweise (Abbildung 1).

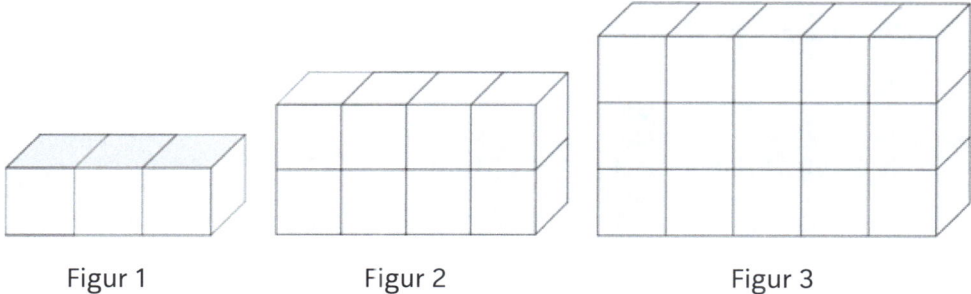

Figur 1   Figur 2   Figur 3

Abbildung 1: Würfelfiguren

a) Wie viele Würfel benötigt man für Figur 4? Ergänze den Wert in der Tabelle.

Figur	1	2	3	4
Anzahl der Würfel	3	8	15	

Die Anzahl der Würfel für Figur n kann mit folgendem Term berechnet werden:

(I) $n \cdot (n + 2)$

b) Bestimme mithilfe des Terms die Anzahl der Würfel für Figur 8.

c) Begründe anhand der Figuren in Abbildung 1, dass mit dem Term die Anzahl der Würfel für jede beliebige Figur n berechnet wird.

d) Berechne mit dem Term, welche Figur n aus genau 224 Würfeln besteht.

e) Die Anzahl der Würfel für Figur n kann mit den beiden Termen berechnet werden:
   (I) $n \cdot (n + 2)$ (II) $(n + 1)^2 - 1$
   Zeige durch Termumformungen, dass die Terme (I) und (II) gleichwertig sind.

f) Bestimme die größtmögliche Figur n, die Monya und Paul mit 500 Würfeln legen können und gib an, wie viele Würfel zum Legen der nächsten Figur fehlen.

Stichwortverzeichnis